わたしの聖書物語

神さまの大いなる計画

絵とお話でめぐる
旧約・新約聖書の世界

N・T・ライト 著
ヘレナ・ペレス・ガルシア 画

わたしの聖書物語　神さまの大いなる計画

著者	N・T・ライト
挿絵	ヘレナ・ペレス・ガルシア
訳者	標 珠実
監修	島先 克臣

組版	長尾 優 Logos Design

Text copyright © Nicholas Thomas Wright 2024
Illustrations copyright © Helena Perez Garcia 2024

Copyright © 2024 SPCK. Original edition published in English under the title My Big Story Bible by The Society for Promoting Christian Knowledge, Studio 101, The Record Hall, 16-16A Baldwins Gardens, London EC1N 7RJ, UK. www.spck.org.uk, England. All rights reserved. This translation of **My Big Story Bible** first published in Japanese is published by arrangement with The Society for Promoting Christian Knowledge, London, England.

Japanese edition translation property of Japan Bible Society

2024年10月15日　初版発行

発行
一般財団法人 日本聖書協会
東京都中央区銀座四丁目5-1
電話 03-3567-1987
https://www.bible.or.jp/

ISBN 978-4-8202-9288-3
Printed in China
JBS-ed.1-3,000-2024

乱丁本・落丁本はお取り替えいたします。本書を無断で複写・複製・転載することを禁じます。

目次

はじめに ………………………………… vi

1部
神さまの物語 旧約編

世界のはじまり ……………………… 2
エデンの園 …………………………… 4
人間の役割とは ……………………… 6
悪くなっていく世界 ………………… 8
カインとアベル ……………………… 10
ノアと大洪水 ………………………… 12
バベルの塔 …………………………… 14
神さまに呼ばれたアブラム ………… 16
神さまのとくべつな契約 …………… 18
イサクをささげる …………………… 20
イサクの結婚 ………………………… 22
父親をだましたヤコブ ……………… 24
天へとつづく階段 …………………… 26
どれいとなったヨセフ ……………… 28
大臣となったヨセフ ………………… 30
水草のなかの赤ちゃん ……………… 32
神さまに呼ばれたモーセ …………… 34
わたしの民を解放しなさい ………… 36
さいしょの過越 ……………………… 38
海をわたる …………………………… 40
岩から水が出る ……………………… 42
神さまの山の上で …………………… 44
金の子牛の像 ………………………… 46

神さまの美しいテント ……………… 48
罪とゆるし …………………………… 50
祝日とヨベルの年 …………………… 52
不平ばかり言う人々 ………………… 54
バラムとしゃべるろば ……………… 56
約束と警告 …………………………… 58
人々を導くヨシュア ………………… 60
エリコの町を征服する ……………… 62
勇者ギデオン ………………………… 64
怪力サムソン ………………………… 66
ルツの結婚 …………………………… 68
ハンナとサムエル …………………… 70
うばわれた契約の箱 ………………… 72
王になるのはだれ …………………… 74
巨人をたおしたダビデ ……………… 76
主はわたしの羊飼い ………………… 78
ダビデとサウル ……………………… 80
ダビデへの約束 ……………………… 82
ダビデのあやまち …………………… 84
アブシャロムの反逆 ………………… 86
世界でもっともかしこい王 ………… 88
生きるための知恵 …………………… 90
すばらしい神殿 ……………………… 92

シェバの女王 …… 94	ダニエルと怪物 …… 116
王国が分裂する …… 96	救いの約束 …… 118
預言者ホセア …… 98	苦難のしもべ …… 120
エリヤとバアルの預言者 …… 100	エルサレムの再建 …… 122
敵をいやしたエリシャ …… 102	神さまはいつもどってくるの …… 124
イザヤと神さまの幻 …… 104	希望と喜びの歌 …… 126
ユダの王ヒゼキヤ …… 106	ユダヤ人を救ったエステル …… 128
みつかった巻物 …… 108	ヨナと大きな魚 …… 130
神殿を去る神さま …… 110	新しい世界の約束 …… 132
バビロンへ …… 112	王のなかの王をたたえる …… 134
ダニエルと3人の友人 …… 114	

2部
神さまの物語 新約編

ザカリアと天使 …… 138	イエスさまと嵐 …… 172
天使の知らせ …… 140	わたしをだれだと思っていますか …… 174
イエスさまの誕生 …… 142	イエスさまの姿が変わる …… 176
星に導かれて …… 144	エルサレムに向かう …… 178
子どものころのイエスさま …… 146	親切なサマリア人 …… 180
洗礼を受けるイエスさま …… 148	マルタとマリア …… 182
悪魔のゆうわく …… 150	子どもを祝福する …… 184
神さまの王国の訪れ …… 152	帰ってきた息子 …… 186
12人の弟子を選ぶ …… 154	良い羊飼い …… 188
水をワインに変える …… 156	木に登ったザアカイ …… 190
体の動かない人をいやす …… 158	生き返ったラザロ …… 192
安息日はなんのため …… 160	香油をぬるマリア …… 194
山上の教え …… 162	エルサレムに入る …… 196
少女をいやす …… 164	イエスさまと神殿 …… 198
種をまく人のたとえ …… 166	ぶどう畑と農夫 …… 200
イエスさまとサマリアの女 …… 168	カエサルのものはカエサルに …… 202
5つのパンと2ひきの魚 …… 170	さいごの食事 …… 204

弟子たちの足を洗う ……… 206	エルサレムでの会議 ……… 246
ゲツセマネの祈り ……… 208	牢屋に入れられたパウロ ……… 248
裁判にかけられる ……… 210	愛と希望の教え ……… 250
大祭司の庭で ……… 212	アテネで教える ……… 252
十字架への道 ……… 214	クリスチャンの愛とは ……… 254
十字架の上で ……… 216	新しい神殿 ……… 256
イエスさまの死と埋葬 ……… 218	にげてきたどれい ……… 258
イエスさまの復活 ……… 220	神さまの計画 ……… 260
エマオへの道 ……… 222	ローマへ送られる ……… 262
疑ったトマス ……… 224	船がしずむ ……… 264
わたしの羊を飼いなさい ……… 226	ローマでのパウロ ……… 266
王となったイエスさま ……… 228	神さまの新しい契約 ……… 268
聖霊が降る ……… 230	新しい世界の知恵 ……… 270
教会のはじまり ……… 232	神さまを信頼する ……… 272
ステファノの死 ……… 234	神さまは愛です ……… 274
み言葉を広めるフィリポ ……… 236	ヨハネとイエスさまの幻 ……… 276
ダマスコへの道 ……… 238	すべてのものの歌 ……… 278
ペトロの見た幻 ……… 240	新しい天と新しい地 ……… 280
助けだされたペトロ ……… 242	イエスさまは新しいはじまり ……… 282
み言葉を広めるパウロ ……… 244	

地図

出エジプトの道 ……… 284
バビロン捕囚の道 ……… 284
エリヤの時代のイスラエル王国とユダ王国 … 285
イエス時代のガリラヤ、ユダヤ、サマリア … 286
イエス時代のエルサレム ……… 286
新約聖書の世界 ……… 287

索引 ……… 288

はじめに

　この本を書くように頼まれたとき、うれしくて胸がどきどきしました。これまで子ども向けの聖書といえば、旧約のほんの少しの物語と、それより多少は多いものの、新約の一部の物語だけを抜き出したものがほとんどで、聖書をとおして読めるようなものがなかったからです。

　しかしそれでは、聖書の壮大な物語が、全体をとおしてなにを伝えようとしているのか、理解することはできません。そこでわたしは、この本で、世界を救う神さまの計画という、聖書の大いなる物語を語ることにしました。この物語は、イエスさまの話を中心としてはいますが、はじまりは創世記の天地創造にさかのぼり、黙示録の新天新地で、その頂点に達します。

　子どものための聖書を書きたいと思ったのは、ひとつには、わたしにも孫がいるからです。孫たちは成長するにしたがい、教会や家庭で聖書の物語を聞くようになります。しかし、その反応を見るにつけ、彼らが理解していないことが、まだまだたくさんあると思うようになりました。そこで、長年にわたる聖書の研究をとおして、わたしがもっとも重要だと考えるようになったことを、孫たちに伝えたいと思ったのです。

　これまでの経験から、どうやら、多くのクリスチャンが、聖書はたんにイエスさまについて語っている書物であり、イエスさまのおかげで自分たちは死んだら天国に行けると考えているようです。そのいっぽうで、旧約聖書をあらためて見たとき、ちょっとした道徳的教訓となる物語がたくさんあることには気づいても、これらの物語にそれ以上の意味があることには気づきません。その結果、聖書の物語の多くが、キリスト教版イソップ物語となってしまうのです。

　聖書をそのように見ていては、数多くの小さな物語に支えられた、神さまの大きな物語を伝えることはできません。神さまは、ご自身の被造物である人間のもとへ来て、この世界でわたしたちとともに暮らしたいと思っています。そして、この世界の物語こそが、人となった「言」であるイエスさまと、その死と復活を中心として、聖書が創世記のはじめから語りかけていることなのです。

　わたしはとりわけ、荒れ野の幕屋（テント）やエルサレム神殿で、神さまが人々とともにいたときのことを考えています。また、神さまがイエスさまと聖霊をとおして、わたしたちの間で生きるために来たときのことを、そして、聖書のさいごに書かれているすばらしい言葉を借りるなら、ついに「神が人と共に住」むようになる（ヨハネの黙示録21章3節）ときのことを、思っています。これらは、神さまの大きな物語のとても重要な要素であり、くり返し語るべきことです。

　わたしは言葉だけでなく、目で見えるかたちで、このことを伝えたいと思いました。大人も子どもも、この本を手にするすべての人が、ここに収められている140の物語を、わくわくしながら読んでくれることを願っています。

　これらの小さな物語は、それぞれが糸のようによりあわさって、ひとつの大きな物語を紡ぎだしています。どうか、各物語のつながりを探求しながら、この世界をご自分の住まいとし、さいごには天と地をひとつにしようという、神さまの壮大な計画の物語を楽しんでください。

1部
神さまの物語
旧約編

世界のはじまり

はじめに神さまは天と地をつくりました。地は暗く、闇のなかを水がうずまいていて、神さまの霊が水の上を動いています。神さまが話しかけると、その言葉のとおりに、暗闇にまばゆい光が満ちました。

つぎに神さまは、水に話しかけました。すると水の半分が海となり、もう半分が空の雲となりました。神さまがもういちど話しかけると、大きな地面が海からせりあがりました。巨大な大陸、小さな島々、山や丘や谷が生まれたのです。そして神さまは、地面をたくさんの植物でおおいました。木々、やぶ、草、葉っぱ、そして明るく美しい花々が満ちあふれました。

つぎに神さまは、雲の切れ間からさしこむ、温かな太陽の光をつくりました。昼は太陽が地球をてらし、夜には月と数えきれない星々が夜空に明るくかがやきます。

それから神さまは、生き物をつくることにしました。さいしょにつくったのは、水にすむものでした。泳ぎ、もぐり、光にきらめいて、とびあがる、なめらかな生き物です。

つぎに神さまは、空を飛ぶものをつくりました。すべるように空をまったかと思うと、急降下し、さえずったり、ガアガア鳴いたりする、羽のある生き物です。

そして神さまは、陸にすむものをつくりました。走り、とびはね、キーキー鳴いたり、ほえたりする、毛でおおわれた生き物です。そのほかにも神さまは、はいまわり、ちょこちょこ動き、回転し、ぶんぶん飛びまわる小さな生き物もつくりました。

神さまはすべてのものを見わたしました。世界はとてもよくできています。けれども、まだ足りないものがありました。植物や動物の世話をするものが必要です。そこで、さいごに神さまは人間をつくりました。ご自分の姿に似せて人間をつくったのです。

「どんどん増えて大きな家族になりなさい。」

神さまは言いました。

「そしてわたしの世界をたいせつに守りなさい。」

神さまはすべてをながめました。それはとても良い世界でした。仕事は終わりました。神さまは、ここに住もうと思って、つくったばかりの世界にやってきました。そして、ゆったりくつろぎました。

聖書のここに書かれているよ

創世記 1章

この物語と関係があるよ
こちらも読んでみよう!

「新しい世界の約束」
132 ページ

エデンの園

聖書のここに書かれているよ

創世記2章

　世界を創造したとき、神さまはひとつの庭をつくることにしました。その庭はエデンの園といいました。園からは1本の川が流れだし、4つの大河に分かれて全地をうるおしていました。

　神さまはこの園をさいしょの人間にあたえて、世話をさせることにしました。エデンの園は思いつくかぎりのどのような庭よりも美しく、神さまは全世界がこの園のようになることを、望んでいました。

　園にはあらゆる木が生えていましたが、なかでもとくべつな木が2本ありました。1本は「命の木」といって、この実を食べた者は、だれでも永遠に生きることができます。もう1本は「善悪を知る知識の木」といいました。

　神さまは人間の男に、この実を食べてはいけないと命じました。この木から実を取って食べることは、神さまに逆らうということです。それは死ぬことを意味していました。

　神さまは男に、自分がつくったすべての生き物を見せました。男はそれぞれの生き物に名前をつけました。けれども、どの動物も自分に似ていないので、とてもさびしくなりました。そこで神さまは、男がぐっすり眠っているあいだに、その体の一部を取りだして、ともに生きる人をつくりました。

　男は目を覚まして、おどろきました。目の前に、自分とよく似た姿をした人がいるではありませんか。この人こそ、愛しあい、いっしょに暮らし、ともに神さまの園を世話してくれる人にちがいありません。男はその人を「女」と呼びました。

　男と女ははだかでしたが、ふたりはまったく気にしませんでした。神さまにかくすようなものは、なにひとつなかったからです。

この物語と関係があるよ
こちらも読んでみよう！

「新しい天と新しい地」
280 ページ

神さまの物語 旧約編

人間の役割とは

聖書のここに書かれているよ

詩編 8編

ここでは、詩編のなかから、ひとつの詩を紹介します。神さまは世界をつくり、世界を守るために人間をつくりました。そして人間を助け、導いてくれます。これは、そんな神さまに、賛美と感謝をささげる歌です。

主なる神さまは　いだいで力強いかた
全世界が　賛美の歌を歌います
小さな子どもも　神さまをたたえます
主は　すべての悪を　こらしめます

月や星をながめながら　問いかけずにはいられません
なぜ神さまは　わたしたちを　とくべつだと思っているのでしょう
人間とは何者ですか　わたしたちの役割とはなんでしょう

もちろん　わたしたちは小さく　天使にもはるかにおよびません
けれどもわたしたちは　神さまといっしょに
すべてのものの世話をするために　世界を守るために　つくられました

羊も牛も　あらゆる生き物が
鳥も魚も　大きなものも小さなものも
すべてが　すこやかに暮らせるように
かしこく世話をするために　わたしたちはいるのです

主なる神さまは　いだいで力強いかた
全世界が　賛美の歌を歌います
地上のあらゆるものが　その栄光をたたえ
わたしたちは日がな一日　神さまを賛美します

この物語と関係があるよ
こちらも読んでみよう！

「イエスさまは新しいはじまり」
282 ページ

悪くなっていく世界

聖書のここに書かれているよ
創世記 3章

　神さまの園にはあらゆる動物がすんでいました。ある日、ずるがしこい蛇が、女のもとへはいよってきて、たずねました。
「神さまは善悪を知る木から食べてはいけないと、ほんとうに言ったのですか。なぜ神さまは、そんなことを言ったのでしょう。ひょっとして、その実を食べると、あなたたちも神さまのように、かしこくなってしまうからではないですか。」
　女は木をながめ、かしこくなりたいと思いました。そこで木に近づくと、その実をいくつか取りました。その実のなんておいしかったこと。そこで女は、男にも木の実をあげました。するととつぜん、ふたりはなにかがおかしいと気がつきました。ふたりはたがいを見てはずかしくなり、いそいで葉っぱで体をおおうと、やぶかげにかくれました。
　夕方になって、いつものように神さまが園を訪れました。
「なぜあなたたちは、かくれているのか。」神さまはたずねました。
「はだかだからです」と男が答えました。
「どうして、はだかだと知ったのか。あの木から取って食べたのか。」
「この人のせいです。」男は女を指さしました。
「ちがいます、蛇が悪いのです。」女は首を横にふりました。
　神さまは男と女が、自分ではなく、ずるがしこい蛇の言うことをきいたので、がっかりしました。さらに、ふたりが他人のせいにしたので、よけいに悲しくなりました。
　神さまはしずんだ気持ちで、「あなたたちは園を立ち去らなくてはならない」と告げました。
　今からずっと、ふたりは追放された者となるのです。人間は、もともといた場所に、にどと住むことはできなくなりました。神さまは、炎の剣をもった天使に、園の門を見はらせました。生きることはつらく苦しいものになり、世界は危険な場所になりました。
　神さまは蛇にも言いました。
「おまえは、すべての生き物のなかで、もっとも下等なものになる。」
　そしていつか、蛇と戦うとくべつな子どもが生まれます。その子どもは戦いに勝ち、悪い方向に向かっていた世界を、すべて正しい姿にもどすでしょう。

この物語と関係があるよ
こちらも読んでみよう！

「バビロンへ」
112 ページ

「悪魔のゆうわく」
150 ページ

神さまの物語 旧約編

カインとアベル

神さまがつくった男はアダムといい、女はエバといいました。ふたりはエデンの園を追放されて、がっかりしましたが、それでも外の世界は美しく、すばらしいと思いました。ふたりは住む場所をみつけて暮らしはじめ、エバは、カインとアベルというふたりの息子を産みました。息子たちは成長して、兄のカインは土地を耕す人に、弟のアベルは羊の世話をする人になりました。

長いあいだ兄弟はいっしょに暮らし、働きました。しかしある日、思わぬことが起こったのです。ふたりの兄弟は神さまに、なにかおくりものをしようと思いました。カインは畑でとれたものをおくりましたが、アベルは群れのなかでいちばん良い小羊をおくりました。神さまはアベルの小羊を喜びましたが、カインのおくりものは喜びませんでした。そのことにカインはひどく腹をたてました。

「なぜ、おこっているのか。」神さまはたずねました。「気をつけなさい。なにか悪いものが待ちぶせていて、あなたをとらえようとしている。」

しかしカインは、神さまの言葉を聞こうとはしませんでした。それどころか、どんどんいかりをつのらせていきました。そして、ある暗い、おそろしい日、とうといかりがあふれて、カインは弟を殺してしまったのです。

「あなたの弟のアベルはどこにいるのか。」

神さまはカインにたずねました。

「知りません。」カインは不安そうな、きまり悪そうな顔で答えました。「弟の世話がわたしの仕事でしょうか。」

けれども神さまは、なにが起こったのか知っていました。そしてカインに告げました。これからずっと、大地はカインの敵となるでしょう。カインは神さまのそばを去らなくてはなりません。

カインは神さまからはなれ、遠くへ旅立ちました。そして、エデンの東のノドの地に住むことにしました。ノドの地でカインは結婚し、子どもを授かり、町をたてました。カインの子どもたちは、音楽を奏でる者や、青銅や鉄で道具を作る職人になりました。

アダムとエバは、アベルを失い悲しみにくれました。長いこと、なげき悲しんでいましたが、しばらくしてもうひとりの息子が生まれました。ふたりはその子をセトと名づけました。

ノアと大洪水

聖書のここに書かれているよ
創世記 6-9章

ときがたち、人々はどんどん増えていきました。多くの年月が流れ、地上には人間が満ちあふれました。ところが人間は、神さまのことなど気にもとめませんでした。神さまを愛するどころか、神さまを無視し、自分勝手で、いじわるで、たがいににくみあいました。神さまは人間をつくったことをなげき、もういちどやりなおそうと考えました。

けれども、たったひとり、神さまを愛する人間がいました。その人の名はノアといいました。神さまは、ノアとその家族に、大きな箱舟を造るように命じました。そして、舟が完成したら、あらゆる種類の動物のおすとめすを、1ぴきずつ、舟に乗せるように言いました。なんてたいへんな仕事でしょう。そんなに大きな舟を造るだけでもたいへんなのに、すべての動物を舟に乗せるためには、とても長い時間がかかります。それでも舟は完成し、さいごには、みんな舟に乗りこみました。

ちょうどそのとき、雨が降りだしました。雨はしだいに強くなり、四十日四十夜、降って、降って、降りつづけ、地上のすべてが水におおわれました。そして、箱舟のなかにいるノアとその家族と動物をのぞいて、みんなおぼれ死んでしまいました。

雨がやんだとき、神さまは水をかわかすために、風を送りました。けれども箱舟はまだぷかぷかうかんでいます。いったい、いつになったら地面はかわくのでしょう。

そこでノアは、1羽のからすを空へ飛ばしました。もしかすると、なにかをみつけてくるかもしれません。しかし、からすは行ったり来たりするだけでした。

つぎにノアは、はとを飛ばしました。はとは遠くへ飛んでいきましたが、なにも持たずに帰ってきました。けれども、もういちどはとを飛ばすと、はとは青々としたオリーブの葉をくわえてもどってきました。

「ありがたい。」ノアは言いました。「この世界に命がもどってきた。」

そしてまた、はとを飛ばしたところ、はとは、もうもどってきませんでした。

ついに、地面はすべてかわきました。ノアと家族と動物は箱舟から出て、新しく美しくなった世界に降りたちました。ノアと家族は神さまを賛美し、神さまは、にどと洪水で地球をほろぼさないと約束しました。

そして約束のしるしに、神さまは空に虹をかけました。

神さまの物語 旧約編

バベルの塔

洪水ののち、ノアの子どもや孫やその子孫は、新たに住む場所を探しはじめました。けれどもこの人々は、世界中に散らばるのをいやがり、同じところで暮らしたいと考えました。

「さあ、大きな町をたてよう。」
「そして、町のまんなかに巨大な塔を建てよう。」

人々は口々に言うと、町をたて、天へと届くような、高い高い塔を造りはじめました。この人たちは、自分たちがとてもかしこいと思っていたのです。

神さまは降りてきて、人々を見ました。人間が自分たちの塔をじまんしているのを見ました。人間が、神さまなんて必要ないと考えているのを見ました。

神さまは悲しくなりました。

「このままではいけない」と神さまは考えました。

そのころ、世界にはまだひとつの言葉しかなくて、みんなが同じ言葉を話していました。そこで、神さまは人間の言葉をばらばらにすることにしました。

言葉がばらばらになったとき、塔を建てていた人々は、もはや自分たちがかしこいとは思えなくなりました。おたがいに話をしようとしましたが、むだでした。大声で命令しようとする人もいました。どなって、さけんで、腕をふりまわしましたが、だれもその人がなにを言っているのか分かりませんでした。さいごにはみんな道具を投げだして、塔の建設をあきらめました。

人々は、造りかけの塔をそのままにして、ほかに住む場所を探して散っていきました。このようにして、人間は世界中に散らばっていったのです。

人々が塔を建てようとした場所は、バベルと呼ばれました。あらゆる言語がばらばらになった場所だからです。

聖書のここに書かれているよ

創世記 11章

この物語と関係があるよ
こちらも読んでみよう！

「聖霊が降る」
230 ページ

神さまの物語 旧約編

神さまに呼ばれたアブラム

聖書のここに書かれているよ

創世記 12、15章

洪水から長い長いときが流れ、バベルの塔も、もはや遠いむかしのできごとになりました。ハランの地にアブラムというひとりの男が住んでいました。ある日、神さまがアブラムに言いました。

「ここを去って、わたしが教えるところへ行きなさい。わたしはあなたを新しい土地に導き、たくさんの国民の父としましょう。わたしはあなたを祝福します。あなたをとおして、世界のすべての人々を、わたしは祝福するでしょう。」

アブラムは、神さまがなにを言っているのか、はっきりとは分かりませんでした。けれども、アブラムと妻は、神さまに従うことにしました。そこで、召し使いに持ち物を準備させると、荷物をまとめて旅立ちました。それから何日もかけて、遠い道のりを移動して、カナンという土地に着きました。

「ここです」と神さまは言いました。「ここが、あなたにあたえると約束した土地です。ここが『約束の地』です。」

アブラムは良い場所をみつけて、テントを張りました。大きな石をいくつか積みあげ、神さまに犠牲をささげて礼拝するための場所を作りました。石を積みあげたこのテーブルは、祭壇とよばれました。

ある日、アブラムがその土地を見わたしていると、神さまが現れました。

「今あなたが見ている土地は、すべて、あなたの家族と、そのあとに生まれてくる子孫のものになるでしょう。」

またある夜、神さまはアブラムに「空を見あげなさい」と言いました。

アブラムが見あげると、空には数えきれないほどたくさんの星々がまたたいています。神さまは言いました。

「見なさい。あなたの子孫は、この星の数ほど増えるでしょう。」

アブラムは神さまの約束を信じました。神さまを信じて、従いました。そこで神さまは、ともに世界を正しく導くための仲間として、アブラムを選んだのです。

この物語と関係があるよ
こちらも読んでみよう！

「神さまの計画」
260 ページ

神さまの物語 旧約編

神さまのとくべつな契約

聖書のここに書かれているよ
創世記 17-18、21章

　アブラムにはふしぎに思うことがありました。神さまは、アブラムと妻に多くの子どもが生まれると約束してくれました。でも、ふたりが年をとりすぎていることは、神さまも分かっているはずです。神さまの約束は、ほんとうに実現するのでしょうか。

　神さまは、約束が実現すると、アブラムに分かってもらいたいと思いました。そこで、とくべつな契約を結ぶことにしました。神さまが、アブラムの子や孫のために、広い土地をあたえるという契約です。アブラムの孫の子どもはさらに増えていくでしょう。その子ども、またその子ども、またその子ども……と、どんどん増えていき、さいごにはひとつの大きな国となるでしょう。

　この契約のために、神さまはアブラムの名前を「アブラハム」に変えました。アブラハムとは「多くの国民の父」という意味です。

　さらに何年もたちました。もうすぐアブラハムは100さいに、妻のサラは90さいになります。けれども、ふたりにはまだ子どもはいませんでした。

　「100さいの自分が父親になるなんて」、そう考えてアブラハムは笑いました。

　ある日、3人のふしぎな旅人がアブラハムのテントを訪れました。アブラハムは3人を招きいれて、いっしょに食事をしました。

　食事のあいだに、旅人のひとりが言いました。

　「来年の今ごろ、サラには息子が生まれるでしょう。」

　それを聞いて、こんどはサラが笑いました。

　しかし、1年後、神さまの約束が実現しました。サラは男の子を産んだのです。ふたりはその子をイサクと名づけました。イサクとは「笑う人」という意味です。

この物語と関係があるよ
こちらも読んでみよう！

「神さまの計画」
260ページ

イサクをささげる

聖書のここに書かれているよ
創世記22章

　イサクは元気でたくましい少年に成長し、アブラハムは息子を心から愛していました。ある日、神さまはアブラハムに言いました。
「イサクを山の上に連れていき、わたしに犠牲としてささげなさい。」
　(なにかを「犠牲にする」ということは、それを手放すことです。ときには、心から愛しているたいせつなものを、あきらめなければならない、ということでもあります。)
　アブラハムはとまどいました。イサクは、神さまの約束を何年も待ちつづけたすえに、授かった息子です。なぜ今になって、神さまはそのようなことを言うのでしょう。神さまは、アブラハムの信仰を試そうとしているのでしょうか。
　その夜、アブラハムは心配のあまり、眠ることができませんでした。しかしつぎの日、アブラハムははやく起きだして、神さまの言葉に従いました。イサクを起こすと、山に向かって出発したのです。
　イサクはこれまでも、父親といっしょに旅をしたことがありました。旅の終わりに、アブラハムが祭壇を作って、羊を殺して神さまにささげるのを見てきました。祭壇を作ったあと、その上にたきぎをのせて、それから羊を殺して、たきぎの上にのせるのです。けれども、こんどの旅で、アブラハムはイサクにたきぎを運ぶように言いましたが、どこにも羊がみあたりません。イサクはふしぎに思いました。
　ふたりが山の上に着いたとき、イサクは祭壇を作るのを手伝いました。それから、祭壇の上にたきぎを置きました。いっぽうアブラハムは、なみだを流しながらも、息子をしばって、神さまにささげようとしました。
「アブラハム、やめなさい。」とつぜん、神さまの声が聞こえました。
　アブラハムの動きが、ぴたりと止まりました。神さまは言いました。
「あなたがほんとうにわたしを信じていることが分かりました。」
　ちょうどそのとき、アブラハムは、そばのしげみに1ぴきのやぎがいるのに気がつきました。やぎは、枝に角をひっかけて動けなくなっています。そこで、そのやぎをつかまえて、イサクのかわりにささげました。
　それからアブラハムは息子をだきしめると、ふたりは連れだって山を下りていきました。

この物語と関係があるよ
こちらも読んでみよう！

「十字架への道」
214ページ

神さまの物語 旧約編

イサクの結婚

聖書のここに書かれているよ
創世記24章

イサクが成長して大人になるころには、母親のサラは、すでに死んでいました。アブラハムは、そろそろイサクを結婚させようと考えました。そこで、ひとりの召し使いを呼んで、言いました。
「ハランに暮らしている、わたしの親戚のところに行きなさい。そしてイサクと結婚する人を連れてきなさい。」
　召し使いは、らくだにまたがって出発しました。長い道のりを旅して、ハランの町の近くまで来たとき、召し使いは井戸のそばで休みました。そして、神さまに祈りました。
「どうか、イサクさまと結婚する人を教えてください。」
　ちょうどそのとき、リベカというむすめが井戸に水をくみにやってきました。
　ハランは暑い土地で、その日もとても暑い日でした。リベカは召し使いに水を飲ませ、らくだにも水をくんでくれました。リベカは美しく、とても親切でした。この人こそ、イサクの妻となる人にちがいありません。
　リベカは、兄といっしょに暮らす家に、召し使いを連れかえりました。リベカの兄はラバンといいました。
　召し使いがここに来たわけを話すと、ラバンは言いました。
「どうぞリベカを連れていってください。きっとイサクさんの良い妻となるでしょう。」
　そこでリベカは、召し使いといっしょにカナンに向かいました。イサクはすぐにリベカを好きになり、ふたりは結婚しました。

神さまの物語 旧約編

父親をだましたヤコブ

聖書のここに書かれているよ
創世記 25、27章

　リベカは赤ちゃんを授かりました。生まれてきたのは、ふたごの男の子で、エサウとヤコブと名づけられました。エサウがさきに生まれて、ヤコブはそのすぐあとに、エサウのかかとをつかんだまま、生まれてきました。

　ふたりは成長して、エサウは狩人になりましたが、ヤコブは家にいるほうが好きで、よく料理の手伝いをしていました。

　それから長い年月がたちました。イサクはすっかり年をとり、目も見えなくなりました。ある日のこと、イサクは長男のエサウに言いました。

「狩りに行って、わたしの好きな動物をとってきておくれ。そうしたら、おまえを祝福しよう。」

　（当時は、父親が長男を祝福するということは、自分が死んだあと、土地やすべての財産をゆずると、約束することでもありました。）

　けれどもリベカには別の考えがありました。イサクの言葉を耳にすると、すぐにリベカはヤコブに言いました。

「ぐずぐずしないで。兄さんが狩りに出かけているあいだに、この毛皮を肩にかけなさい。わたしはお父さんのために、おいしい食事を用意してきます。」

　さいしょ、ヤコブはとまどいましたが、すぐに母親の考えを察しました。エサウはとても毛深かったため、動物の毛皮をヤコブのすべすべの肌にかければ、イサクはその手ざわりとにおいで、ヤコブをエサウだと思いこむでしょう。

　ヤコブは毛皮を肩にかけ、食事の用意ができると、父親のところへ持っていきました。イサクは食べおわると、手をのばしてヤコブの毛深い肩にふれました。そしてヤコブをエサウと思いこんだまま、ヤコブに祝福をあたえてしまいました。たくらみは成功したのです。

　狩りから帰ってきて、祝福がうばわれたと知ったとき、エサウはいかりました。そのいかりが、あまりにはげしかったため、ヤコブはおおいそぎで家を出ることになりました。

神さまの物語 旧約編

天へとつづく階段

聖書のここに書かれているよ
創世記 28-32章

ヤコブは走りつづけました。家にはいられないと分かってはいましたが、いったいどこに行けばよいのでしょう。ヤコブは、ハランに住むおじのラバンを探して、事情を話すことにしました。

ハランまでの道のりは遠く、ある夜、ヤコブはくたくたにつかれきって、石をまくらにして眠ってしまいました。そのとき、神さまが夢を見せました。夢のなかで、ヤコブは地面から天へとのびる階段を見ていました。何人もの天使が、階段を上ったり下りたりしています。階段のいちばん上には、神さまが立っていました。

「わたしがついています」と神さまは言いました。「この土地は、あなたとあなたの子孫のものです。あなたは、全世界で祝福される者となるでしょう。」

ヤコブは目が覚めて、思わずつぶやきました。

「この場所は神さまの家にちがいない。」

ヤコブは旅をつづけて、アブラハムの親戚が住むハランにたどりつきました。そして、ラバンの家に身をよせるうちに、ラケルというラバンの娘を好きになりました。

ヤコブが結婚を申し込むと、ラバンは言いました。

「7年のあいだ、家畜の世話をするなら結婚させてあげよう。」

ところが、7年たったとき、ラバンはヤコブをだまして、ラケルの姉のレアと結婚させたのです。

「さらに7年働くなら、ラケルとも結婚させてあげよう。」ラバンは言いました。

さらに7年がたったとき、ヤコブはカナンにもどることにしました。そこで、ふたりの妻と、家族と、財産をすべてまとめて出発しました。

ある夜、とてもきみょうなことが起こりました。ヤコブがひとりきりで外にいると、とつぜん見知らぬ人が、取っ組み合いをいどんできたのです。一晩中ふたりは格闘しました。夜が明けて、ヤコブはその人が天使だと気づきました。天使は、神さまの祝福をヤコブにあたえて言いました。

「ヤコブよ、あなたはこれから『イスラエル』と呼ばれる。」

イスラエルとは、「神さまとたたかった者」という意味です。

この物語と関係があるよ
こちらも読んでみよう！

「すばらしい神殿」
92ページ

「すべてのものの歌」
278ページ

神さまの物語 旧約編

どれいとなったヨセフ

聖書のここに書かれているよ
創世記 37、39章

　ヤコブは旅をつづけてカナンにもどり、家族とともに暮らしはじめました。そのころには、12人の息子が生まれていました。ヤコブは、すべての子どもをたいせつに思っていましたが、なかでもひとりの息子を、とりわけかわいがっていました。その子の名前はヨセフといいました。ヤコブはヨセフをあまやかして、とくべつに作った上着をあげたので、兄弟たちはヤコブがひいきしていると思い、ヨセフをねたむようになりました。

　ある夜、ヨセフはふしぎな夢を見ました。みんなで麦の収穫をしていると、兄弟がかりとった麦の束が、ヨセフの麦の束にひれふしたのです。別の夢では、太陽と月と11の星が、ヨセフにひれふしました。ヨセフがその夢のことを語ると、兄弟たちはヨセフをにくむようになりました。

　ヤコブは多くの羊ややぎを飼っていて、息子たちはその世話をしていました。ある日、ヤコブは息子たちのようすを見に、ヨセフを野原へ行かせました。遠くからヨセフがやってくるのを見て、兄弟たちはヨセフを殺そうと考えました。ヨセフをとてもにくんでいたからです。しかし長男のルベンが反対したため、兄弟たちはヨセフをつかまえて、穴に放りこみました。そして、これからどうしようかと相談をはじめました。

　ちょうどそのとき、らくだに乗った旅の商人が通りかかりました。そこで、兄弟たちはヨセフを穴から引きだすと、旅の商人に売ってしまいました。けれども、ヤコブになんて言ったらよいのでしょう。兄弟たちは、ヨセフは野のけものに殺されてしまったと、うそをつくことにして、家に帰っていきました。

　いっぽう、ヨセフはらくだにつながれて、家からも家族からもはなれて、とても遠い場所へと連れていかれました。ヨセフはまだ少年でしたので、おそろしくてしかたがありませんでした。この人たちは、ヨセフをどこに連れていくつもりでしょう。

　ついに、商人たちはエジプトまでやってきました。そしてヨセフをどれいとして、ポティファルという人に売りました。ポティファルは、エジプトの王であるファラオに仕える役人でした。ヨセフは心細くてたまりませんでしたが、自分には神さまがついていることを知っていました。ヨセフがいっしょうけんめい働いたため、ポティファルはとても喜んで、家の仕事をすべてヨセフに任せるようになりました。

この物語と関係があるよ
こちらも読んでみよう！

「バビロンへ」
112ページ

神さまの物語 旧約編

大臣となったヨセフ

聖書のここに書かれているよ
創世記
39－45章

ヨセフは成長して、とても美しい若者になりました。ポティファルの妻は、ヨセフの美しさに目をとめて、毎日のようにヨセフに言いよりました。しかし、ヨセフは断りました。神さまにたいして、罪をおかしたくなかったからです。ついに、ポティファルの妻は腹をたてて、ヨセフにおそわれたと、うそをつきました。ポティファルは妻の言葉を信じて、ヨセフを牢屋に入れてしまいました。

牢屋にいるあいだに、ヨセフはふたりの囚人と仲良くなりました。あるときふたりはふしぎな夢を見ました。ヨセフがその夢の意味について教えてあげると、ふたりはとてもおどろきました。

それから何年かたって、こんどはファラオがふしぎな夢を見ました。ファラオはその夢が、どうにも気になってしかたがありません。そこで、ヨセフのことを聞きつけて、牢屋から連れてくるよう命じました。宮殿に連れてこられたヨセフは、ファラオの前にひざまずきました。ファラオは言いました。

「わたしは夢を見た。7頭のやせたおそろしい雌牛が、7頭のよく太った雌牛を食べてしまった。それなのに、おそろしい雌牛はやせたままなのだ。この夢の意味がおまえに分かるか。」

ヨセフは答えました。

「これから、ききんが起こります。はじめのうちは、すべてがうまくいくようにみえるでしょう。さいしょの7年は、多くの作物が育ちます。でも、つぎの7年は、食べる物がほとんどとれません。人々がうえないようにするためには、王さまを支えて、ききんに備える人が必要です。」

「ヨセフ、おまえをその役目に任じよう。」

ファラオはそう言って、ヨセフに金の首かざりと、とくべつな戦車をあたえました。ヨセフはりっぱな大臣となり、エジプト中の農家に、麦をたくさん、たくわえさせました。そのため、ききんが起こっても、エジプトでは食べ物がなくなることはありませんでした。

すぐにききんは、カナン地方まで広がりました。そこで、ヨセフの兄弟は、麦を買うためにエジプトに向かいました。長い年月がたっていたので、兄弟たちは再会してもヨセフと分からず、エジプトのえらい大臣だと思って、ひれふしました。むかし、ヨセフが夢で見たとおりになったのです。ヨセフが名のると、兄弟たちはふるえあがりました。けれどもヨセフは、兄弟たちをゆるしました。

「兄さんたちはわたしにひどいことをしました。でも、それも神さまのご計画でした。多くの人々の命を救うために、わたしをエジプトに連れてきたのは、神さまだったのです。」

神さまの物語 旧約編

水草のなかの赤ちゃん

聖書のここに書かれているよ
出エジプト記 1−2章

　ヤコブと家族は、エジプトに移りすむことにしました。エジプトの地で、ヤコブの家族から多くの子どもが生まれました。その子どもが成長し、さらに多くの子どもが生まれ、エジプトには、ヤコブの子孫がどんどん増えていきました。この人々は、「イスラエル人」と呼ばれました。「イスラエル」とはヤコブがカナンに帰るとちゅうで、神さまからもらった名前です。

　長い年月が流れ、ヨセフのことを知らない新しいファラオが、エジプトを治めることになりました。新しいファラオは、イスラエル人がとても強くて数が多いので、不安になりました。そこで、イスラエル人をどれいとして、働かせることにしました。しかし、そんなことをしても、むだでした。イスラエル人はあいかわらず強く、子どもはどんどん増えていきます。

　そこでファラオは、おそろしい計画を思いつきました。兵士を集めて、「イスラエル人はあまりに多くなりすぎた。行って、イスラエル人の男の赤んぼうをすべて殺してしまえ」と、命じたのです。

　けれども、なんとかして赤ちゃんを救おうと考えた、イスラエル人の母親がいました。ある朝はやく、母親は赤ちゃんを毛布で包んで、かごのなかにねかせ、ナイル川のほとりに生えている水草のあいだにかくしました。そのあと、赤ちゃんの姉のミリアムが、かごの近くで見まもっていました。

　しばらくして、エジプトの王女が川に水浴びをしにやってきました。王女は水草のあいだにかごがあるのに気づき、召し使いに取りにいかせました。なかを開けてみると、赤ちゃんがいるではありませんか。

　すぐにミリアムは王女のところに走りよると、おじぎをして言いました。
「お望みでしたら、赤ちゃんにお乳をあげるイスラエル人の女の人を探しましょう。」
　王女が「そうしてほしい」と言ったので、ミリアムは母親を呼んできました。
　母親は赤ちゃんを引きとって育て、すこし大きくなったころ、王女のところへ連れていきました。王女はその男の子を自分の子どもとして育てることにしました。そして、その子をモーセと名づけました。モーセとは、水から「引きだす」という意味です。

神さまの物語 旧約編

神さまに呼ばれたモーセ

聖書のここに書かれているよ
出エジプト記
2-4章

モーセは成長してエジプトの王子になりました。しかし、エジプト人がイスラエル人をむりやり働かせているのを知って、腹だたしく思っていました。ある日のこと、モーセはひとりのエジプト人がイスラエル人のどれいをなぐりつけているのを目にします。それを止めようとして争ううちに、モーセはエジプト人を殺してしまいました。「たいへんなことをしてしまった。」モーセはわれに返って、まっさおになりました。

このことがファラオに知られたら、殺されるかもしれません。すぐにモーセは死体を砂にうめると、走って荒れ野へにげだしました。

何年ものあいだ、モーセは荒れ野で羊の世話をして暮らしていました。しかしあるとき、モーセの人生と、すべてのイスラエル人の人生を変えるできごとが起こりました。その日、モーセは羊の群れを連れて、山道を歩いていました。ふと目をあげると、遠くのほうで柴が燃えています。近づいてみると、柴はすっぽりと炎につつまれているのに、まったく燃えつきることがありません。

そのとき、柴のなかから神さまの声が聞こえてきました。

「わたしはアブラハム、イサク、ヤコブの神です。わたしは、わたしの民がエジプトでどれいとなって苦しんでいるのを見ました。わたしは、イスラエルの民を救うために来ました。さあ、行きなさい。わたしはあなたを、ファラオのもとへつかわします。」

おどろきのあまり、モーセはしゃべることができませんでした。けれども、勇気をふりしぼってたずねました。

「もしわたしがイスラエルの人々のところへ行って、『神さまがわたしをつかわした』と言ったら、人々は『神さまの名前を教えてください』と言うでしょう。そのときは、どう答えればよいですか。」

神さまは言いました。

「『わたしはいる』と答えなさい。アブラハム、イサク、ヤコブの神である『わたしはいる』という神が、あなたをつかわしたと言いなさい。これが永遠にわたしの名です。」

モーセは不安でしたが、神さまがともにいると約束してくれました。さらに神さまは、モーセを助けるために、モーセの兄のアロンを呼びよせてくれました。

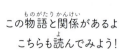
この物語と関係があるよ
こちらも読んでみよう！

「イザヤと神さまの幻」
104 ページ

神さまの物語 旧約編

わたしの民を解放しなさい

聖書のここに書かれているよ
出エジプト記 7−12章

　神さまは、エジプトでどれいとなっているイスラエルの民を救うために、モーセとアロンをファラオのもとにつかわしました。モーセはファラオに言いました。「わたしは、イスラエルの神さまに言われて、ここに来ました。神さまはご自分の民をエジプトから去らせるよう命じています。」

　けれども、ファラオは聞こうとしません。そこで神さまはモーセに言いました。「言うとおりにしないと、おそろしい災いが起こると、ファラオに伝えなさい。」

　さいしょに、ナイル川の水が血に変わりました。しかしファラオは、イスラエルの人々を行かせようとはしません。

　つぎに、神さまはかえるの大群を送りました。かえるは家のあちこちに入りこみ、はねまわり、なべのなかにもとびこみました。どこもかしこも、かえるだらけです。けれどもファラオは人々を解放しません。

　第3に、神さまはぶよの大群を送りました。ぶよは人や動物をおそって、ちくちくさしたので、みんなかゆくてしかたがありません。

　ファラオの魔術師が、「これは神さまの指による災いです」と忠告しましたが、ファラオは聞きいれませんでした。

　第4に、神さまはあぶを送りました。あぶの大群が、あちこちでぶんぶん飛びまわりました。

　第5に、エジプト人のすべての家畜が死にました。馬も、ろばも、らくだも、牛も、羊も、すべてが死んでしまいました。

　第6に、神さまがおできの災いを送ったので、エジプト人の体中に、かゆいぶつぶつができました。

　それでも、ファラオは聞きいれようとしません。

　第7に、神さまは嵐を送り、はげしいひょうを降らせました。

　第8に、神さまがばったの大群を送ったので、ばったはすべての作物を食べつくしてしまいました。

　第9に、神さまは闇を送って、エジプト中をまっくらにしました。

　ファラオは災いになやまされているときは、人々を解放すると言うものの、約束を守ろうとはしません。

　ファラオに言うことをきかせ、神さまの民をエジプトから救いだすためには、いったいどうすればよいのでしょうか。

神さまの物語 旧約編

さいしょの過越

聖書のここに書かれているよ
出エジプト記 12章

　神さまはこのようにして、ご自分の民を救いだしました。
　まず神さまは、モーセに言いました。イスラエルの人々は、とくべつな食事を用意しなければなりません。そのために、焼いた小羊、平たいパン、苦い青菜を準備します。それから、それぞれの家の入り口の柱に、小羊の血をぬらなければなりません。夜、人々がねしずまったころ、神さまはエジプトに死の天使を送ります。入り口の柱に血がぬられていたら、その家の人たちは安全です。死の天使はなにもせずに、通り過ぎるでしょう。
　夜になって、死の天使がエジプトにやってきました。エジプト人の家では、その家でさいしょに生まれた男の子が、すべて死んでしまいました。しかし、イスラエル人の家はぶじでした。
　このできごとのあと、エジプト人は、一刻もはやく、イスラエル人に立ち去ってほしいと思いました。
　「行ってしまえ！」ファラオはさけびました。「もうたくさんだ。はやく出ていけ！」
　イスラエルの人々はぐずぐずしませんでした。あっというまに、すべての持ち物をまとめ、家畜を連れて、エジプトを出るしたくを整えました。
　けれども旅立つまえに、神さまはイスラエルの人々に、「あの夜に食べたとくべつな食事を忘れてはならない」と告げました。そのとくべつな食事は、「過越の食事」といいました。神さまは年に1度、みんなで「過越の食事」を食べるよう命じました。死の天使がイスラエル人の家の前を「過ぎ越し」て、主なる神さまがエジプトから救いだしてくれたことを、思いだすためです。

この物語と関係があるよ
こちらも読んでみよう！

「さいごの食事」
204 ページ

神さまの物語 旧約編

38

海をわたる

聖書のここに書かれているよ
出エジプト記 13－15章

ついにエジプトから脱出できるのです。みんな、どれいの生活からぬけだせて、大喜びです。何千人もの人々が、家々のとびらを閉ざして、ともに旅立ちました。神さまは、昼は大きな雲のなかに、夜は大きな火の柱のなかに立って、みんなを導きました。

何日か旅をして、イスラエルの人々は、紅海という海までやってきました。目の前に広々とした水が横たわっています。人々は、海辺にテントを張ろうとしました。

しかしそのとき、なにか物音が聞こえてきました。遠く、後ろのほうから、地鳴りのような音がせまってきます。ふりかえると、馬と戦車で追いかけてくる、エジプトの軍隊が見えました。またもやファラオは約束をやぶったのです。

前には海、後ろにはエジプトの大軍、イスラエルの人々は追いつめられて、ふるえあがりました。

けれども、モーセは言いました。

「神さまを信じなさい。そうすればかならず、あなたたちを助けてくれます。」

それからモーセは高い岩の上に登ると、海に向かって腕をのばしました。そのとたん、強い風が水の上を吹きはじめました。風はどんどん強くなり、ついには水がまっぷたつに分かれて、海の底に一本のかわいた道が現れました。

モーセはみんなに、荷物をまとめて道をわたるように命じました。両側には、巨大な水の壁がそそりたっています。なんてすばらしい、なんておそろしい、光景でしょう。けれどもみんな、海の向こう側に、ぶじにわたりきることができました。

イスラエルの人々が海をわたっていくのを見て、エジプト人もそのあとを追って、どんどんせまってきました。そして岸辺に着くと、人々のあとにつづいて海をわたろうとしました。ところが、エジプト軍が海の道を半分くらい進んだあたりで、とつぜん風がやみました。すると、そそりたっていた水の道がまたたくまにくずれて、もとの場所に流れこんだのです。エジプトの軍隊は、すべて水にのみこまれてしまいました。

イスラエルの人々は、海の向こう側にテントを張りました。モーセの姉のミリアムは、女たちといっしょに勝利の歌を歌って、神さまに感謝と賛美をささげました。

この物語と関係があるよ
こちらも読んでみよう！

「人々を導くヨシュア」
60ページ

「洗礼を受けるイエスさま」
148ページ

神さまの物語 旧約編

岩から水が出る

出エジプト記 16－17章

イスラエルの人々は、荒れ野を歩きはじめました。昼は長い道のりを歩き、夜になるとテントを張って休みました。

人々が、エジプトを脱出しさえすれば、楽に暮らせると考えていたのなら、それはまちがいでした。これからなにを食べて、どこで水を飲めばよいのでしょう。家畜はどうすればよいのでしょう。羊や牛だっておなかがすくし、のどもかわきます。

人々はモーセとアロンに不平を言いました。

「なぜわたしたちをエジプトから連れだしたのですか。あそこには少なくとも食べ物はたくさんあったのに。」

そこで神さまは、人々に食べ物をあたえました。夕方になると、うずらの群れが飛んできて、テントの周りに降りたので、みんなしんせんな肉を食べることができました。朝になって、露がかわくと、なにかふしぎな白いものが地面をおおいました。それはふわふわした食べ物で、味は、はちみつを入れたワッフルのようでした。みんなはこれがなんという食べ物か分からなかったので、「マナ」と呼びました。マナとは「これはなに」という意味です。

それでも、のどのかわきはおさまりません。人々のいかりがはげしかったため、モーセは神さまにうったえました。

「この人たちをどうしたらよいでしょう。わたしは殺されそうです。」

そこで神さまは言いました。

「岩に登って杖で岩を打ちなさい。」

モーセが岩に登って杖で打つと、岩から水がいきおいよくふきだしました。

人々も家畜も、たっぷりと水を飲むことができました。

この物語と関係があるよ
こちらも読んでみよう！

「イエスさまと
サマリアの女」
168 ページ

「5つのパンと
2ひきの魚」
170 ページ

神さまの物語 旧約編

神さまの山の上で

聖書のここに書かれているよ
出エジプト記 19－20章

イスラエルの人々は荒れ野の旅をつづけ、大きな山のそばにやってきました。その山は、シナイ山といいました。シナイ山はふしぎな山でした。近づくにつれ、山のてっぺんが火と厚い雲におおわれているのが見えました。さらに近づいていくと、雲のなかから雷鳴がとどろき、いなずまが空をつらぬきました。人々はおそれおののき、子どもたちは雷の音に耳をふさぎました。

神さまはモーセに、山に登るように言いました。山の上でモーセに会い、ご自分の計画を伝えようと思ったのです。神さまは、ご自分の民のところへ降っていって、ともに生きようと考えていました。そのために、イスラエルの人々と、とくべつな契約を結ぼうとしていました。もしその契約にきちんと従えば、人々は王や祭司のように、神さまがつくった世界をたいせつに守り、神さまを礼拝しながら、この世界を導いていくことができるでしょう。

みんなは、モーセが山に登っていくのをおどろいて見ていました。ずんずん、ずんずん、モーセは登っていき、とうとう黒い雲のなかに入って見えなくなりました。

そのとき神さまが大きな声で、10のたいせつなおきてを告げました。それは正しく生きるための教えでした。

わたしは主なる神です。あなたたちはわたし以外の神を礼拝してはいけません。

絵をえがいたり、像を作ったりして、にせの神を礼拝してはいけません。

悪い目的のために、わたしの名前を使ってはいけません。

週の7日目には、すべての仕事をやめて休みなさい。

父と母をたいせつにしなさい。

人を殺してはいけません。

結婚した相手を裏切ってはいけません。

ものをぬすんではいけません。

ほかの人のことで、うそをついてはいけません。

ほかの人のものを欲しがってはいけません。

この物語と関係があるよ
こちらも読んでみよう！

「山上の教え」
162ページ

神さまの物語 旧約編

44

金の子牛の像

モーセは山を下り、神さまのために祭壇を作りました。人々が集まってきたので、モーセは神さまとのとくべつな契約について語りました。

そのあと神さまは、もういちどモーセを山の上に呼びだすと、2枚の石の板をわたしました。この石の板には、10のたいせつなおきてが書かれていました。神さまとの契約を守るためには、この「10のおきて」に従わなければなりません。神さまは人々に、このおきてをたいせつに守って暮らしてほしいと思っていました。そうすれば、イスラエルの人々は、いつまでも神さまとともにいられるでしょう。

けれども、まず神さまは、ご自分の民と暮らすにあたって必要なことを、くわしくモーセに語りました。モーセがあまりに長いあいだ山の上にいたので、ふもとにいる人々は、モーセはもうもどってこないと考えて、文句を言いはじめました。
「モーセはわたしたちをこんな荒れ野に連れてきて、自分だけどこかへ行ってしまった。」

アロンはなんとかなだめようとしましたが、人々の不満はおさまりませんでした。とうとう、神さまを疑う人も出てきました。その人たちは、主なる神さまのかわりに、礼拝するための像を作ってほしいと、アロンにうったえました。

アロンはその人たちをおそれて、言われたとおりに、像を作ってしまいました。それは、金でできた子牛の像でした。みんなは子牛の像を見ると、とても喜び、大声を上げてその周りでおどりはじめました。ちょうどそのとき、モーセがもどってきたのです。

すぐにみんなはおどるのをやめて、モーセを見ました。モーセは神さまからもらった2枚の石の板を手にしていました。子牛の像を見たとたん、モーセの顔はいかりでまっかになりました。あまりに腹をたてたため、モーセは石の板を頭の上にたかだかと持ちあげると、地面に打ちつけました。ガシャン！音をたてて、石の板はこなごなに割れてしまいました。

神さまも、いかりました。しかしモーセは、人々のために、「もういちどだけチャンスをください」とお願いしました。さいごには神さまも、今はまだ人々とともにいようと考えました。そしてモーセに、新しい石の板を2枚、わたしました。その板の上には、10のたいせつなおきてが書かれていました。

聖書のここに書かれているよ
出エジプト記 32章

この物語と関係があるよ
こちらも読んでみよう！

「王国が分裂する」
96ページ

神さまの美しいテント

聖書のここに書かれているよ
出エジプト記 35-38、40章

モーセがまだシナイ山の上にいて、神さまと話をしていたときのことです。神さまが言いました。

「わたしがイスラエルの民とともにいるためには、とくべつな場所が必要です。」

それは、とても美しく大きなテントとなるでしょう。テントのなかには、神さまのためのとくべつな家具が必要です。テントと家具を管理するのは、祭司たちです。祭司の仕事は神さまに仕え、神さまを正しく礼拝する方法を、人々に教えることです。モーセの兄のアロンが、「大祭司」と呼ばれる祭司たちの長でした。

モーセは人々に、宝石や動物の皮、上等な布、金、銀、銅など、美しいものをたくさん持ってくるように言いました。それらを使って、ベツァルエルとオホリアブというふたりの腕の良い職人が、神さまのテントを作りました。すべてのものは、まるで天国を映したように、かんぺきに作られました。

ベツァルエルは、大きな木の箱を作って、それを金でおおいました。さらに2体の天使を彫って、箱の上に左右1体ずつ置きました。箱のなかには、とくべつな契約のための「10のおきて」が書かれた、石の板を入れました。この箱は「神さまの契約の箱」と呼ばれました。

つぎにベツァルエルは、金でおおったとくべつなテーブルを作りました。このテーブルに、祭司は作りたてのパンを置きます。このパンは、神さまが人々とともにいて、食べ物をあたえてくれるしるしです。ベツァルエルはさらに、7つに枝分かれしたりっぱなろうそく立てと、祭司が神さまを礼拝するための祭壇を作りました。

こうして、すべてが整いました。このときまで、神さまは、高い山の上の大きなかがやく雲のなかにいました。けれども今、すばらしいことが起ころうとしていました。

人々は、大きな雲が山の上から、ゆっくりとこちらへ向かってくるのを見ていました。はじめ人々は、おどろいて、こわくなりました。けれどもそのあと、雲はとくべつなテントの上にとどまりました。みんな、口をぽかんと開けたまま、雲がテントをおおい、テントが神さまのかがやく栄光で満たされていくのを、ながめていました。そのとき、人々はさとりました。そうです、主なる神さまが、人々とともにいるために来てくれたのです。

この物語と関係があるよ こちらも読んでみよう！

「すばらしい神殿」
92ページ

「イエスさまは新しいはじまり」
282ページ

神さまの物語 旧約編

罪とゆるし

聖書のここに書かれているよ
レビ記16章

　神さまは生きていて、栄光にかがやいています。神さまは、生き物をつくっただけではありません。神さまは命そのものなのです。けれども人間は年をとり、病気になり、死んでいきます。それどころか、人間は悪い行いや、悪い言葉によって、命をだいなしにしてしまいます。そして、神さまから遠ざかり、死へと向かっていくのです。これをわたしたちは「罪」と呼びます。

　罪とは、こい霧のようなもので、神さまが喜ぶような良い生きかたを、人々の目からかくしてしまいます。悪いことをすればするほど、霧はこくなっていきます。そして霧がこくなればなるほど、神さまに通じる道が分からなくなります。

　神さまはご自分の民に、この罪の霧をはらう方法を教えたいと思いました。人々が霧をはらわなければ、神さまは人々とともにいて、光と命の道へ導くことができません。

　そこで神さまは、動物をささげるように言いました。動物の血は、命のしるしです。その動物が殺されるとき、その血が罪と死を洗いながしてくれます。それと同時に、人々は神さまにあやまります。動物をささげることは、悪い行いをしても、神さまがともにいて、ゆるしてくれることを意味していました。

　年に1度、とくべつなやりかたで動物をささげなければなりません。まずは、神さまのテントをきれいにそうじします。そのあと大祭司アロンが、みんなの前でやぎを1ぴき選び、神さまのテントへと連れていきます。アロンはやぎの頭の上に両手を置いて、みんなの罪を神さまにあやまります。それから、ひとりの男が、そのやぎを荒れ野へ連れていって、放ちます。こうすることで、人々は、罪が取りのぞかれたことが分かります。つまり、やぎを放つということは、罪がゆるされて、主なる神さまがともにいてくれることを示しているのです。

この物語と関係があるよ
こちらも読んでみよう！

「苦難のしもべ」
120ページ

「十字架の上で」
216ページ

祝日とヨベルの年

聖書のここに書かれているよ
レビ記25章

神さまは、イスラエルの人々に、エジプトから救いだされたときのことを忘れずにいてほしいと思いました。また、約束の地にたどりつく日を楽しみにしてほしいと思いました。約束の地とは、神さまがアブラハムとその子どもたちにあたえると約束した土地のことです。人々は、もう目指す土地の近くまで来ていました。

そこで、人々が忘れないように、神さまはとくべつな日をつくることにしました。このとくべつな日は、聖なる日と呼ばれました。聖なる日とは、みんなが働くのをやめて、いっしょに集まって、神さまがしてくれたすべてのことに感謝をささげる日です。

週に1度、7番目の日には、すべての仕事をやめて休みます。この日は「安息日」といいます。安息とは「休む」という意味です。安息日は、いつの日か、神さまが約束してくれた土地で休むことができると、思いだすための日です。

年に1度、過越の祭りを祝います。神さまがエジプトから助けだしてくれたときと同じように、人々は平たいパンを食べます。

また、収穫のためのお祭りもあります。まずは収穫のはじまりを祝い、7週間後に、だいだいてきにお祝いをします。このお祭りは五旬祭（ペンテコステ）といいます。五旬祭は、シナイ山で神さまがモーセにとくべつな契約をあたえてくれたことを、思いだす日です。

約束の土地に着いたら、6年のあいだは畑で働きます。けれども7年目には、地面を耕したり、種をまいたりするのはやめて、土地を休ませなければなりません。さらに49年（7年×7回）ごとに、とくべつな年を祝います。この年はヨベルの年と呼ばれ、祭司は角笛を吹きならします。ヨベルとは角笛のことです。この年には、だれかにお金やものや土地を借りている人は、借りているものが、すべて帳消しになります。そしてすべての人々は、どれいであっても、自分の家にもどることができます。

すべての土地は主なる神さまのものです。神さまは、みんなが平等に、土地を分けあうことを望んでいます。

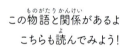
この物語と関係があるよ
こちらも読んでみよう！

「安息日はなんのため」
160ページ

「聖霊が降る」
230ページ

神さまの物語 旧約編

不平ばかり言う人々

聖書のここに書かれているよ
民数記 13、21章

　イスラエルの人々は約束の地へ近づいていました。モーセは12人の男を選んで、さきに送ることにしました。この男たちの任務は、約束の地と、そこに住んでいる人たちのようすを探ることでした。男たちは長いこと出かけていましたが、そのうちのふたりは大きなぶどうの房を持ちかえりました。そのぶどうはあまりにも大きくて重かったので、長い棒にくくりつけて、前と後ろでかつぎ、ふたりがかりで運ばなければならないほどでした。

　このふたりは、その土地がとてもすばらしく、豊かで、家や畑を作るのに良さそうな場所がたくさんあったと報告しました。けれども、残りの10人は言いました。
「あの土地に住むことはできません。あそこには巨人が住んでいますし、高い壁に囲まれた町もあって、入ることすらできないでしょう。」

　ていさつに出かけた12人のうち、ヨシュアとカレブだけが神さまの約束を信じていました。
「神さまがついています。」ふたりは言いました。

　けれども、ほかの人たちはモーセとは別の指導者を選びたいと考えていました。先に進むのをこわがって、エジプトにもどりたいと思っていたからです。

　神さまは、約束を信じない人たちにがっかりしました。そしていつの日か、全世界にかならず、ご自分の栄光が満ちあふれるだろうと語りました。

　イスラエルの人々は神さまを信じなかったので、さらに長いこと、荒れ野をさまようことになりました。それでもあいかわらず、人々は文句ばかり言いつづけています。そこで神さまは、毒蛇を送ることにしました。蛇はテントに入りこみ、不平を言う人たちをかみ殺しました。

　このできごとのあと、ようやく人々は、「わたしたちがまちがっていました」と神さまにあやまりました。

　そこで神さまは、モーセに青銅の蛇を作らせました。モーセはみんなに見えるよう、その蛇を長い棒の先につけました。それからは、もし毒蛇にかまれても、この青銅の蛇を見れば、その人は死なずにすむようになりました。

この物語と関係があるよ
こちらも読んでみよう！

「十字架の上で」
216 ページ

神さまの物語 旧約編

バラムとしゃべるろば

聖書のここに書かれているよ
民数記22章

イスラエルの人々は長いこと荒れ野を旅して、ついにモアブという土地にやってきました。モアブの王は、イスラエル人が近づいてくると聞いて、こわくなり、なんとか止めようと考えました。
「そうだ、預言者を送って、イスラエル人にのろいをかけよう。」
（預言者とは、神さまの言葉を聞く人です。神さまは預言者に語り、預言者はその言葉を人々に伝えるのです。）
王はバラムという預言者に使いを送りました。
「わたしはこれから、イスラエル人を探しだす。みつけたらおまえに知らせよう。そうしたら、イスラエル人がこの土地から立ち去るように、のろいをかけるのだ。」
バラムは気が進みませんでしたが、しかたなく、ろばに乗ってモアブの王に会いにでかけました。ところが、まだいくらも進まないうちに、とつぜんろばは道をそれて、畑のなかに入ってしまいました。神さまが剣を持った天使をつかわして、行く手をふさがせたからです。けれども、天使の姿はろばにしか見えませんでした。
バラムはろばをたたいて、道にもどそうとしました。しかし、またしても天使がろばの前に立ちふさがったので、ろばはしゃがみこみ、バラムはふたたび、ろばをたたきました。
そのときとつぜん、ろばがしゃべりました。
「なんで、たたくのですか。わたしはあなたのろばです。わたしがこれまであなたに逆らったことがありますか。」
バラムは耳を疑いました。そして自分がおかしくなったのかと考えました。けれども、ろばをしゃべらせたのは神さまでした。さらに神さまは、バラムにも天使の姿が見えるようにしました。そこで、バラムにもはっきりと分かりました。神さまは、イスラエル人にのろいをかけることを望んではいないのです。
けっきょく、バラムはモアブの王のところへ行きました。しかし、のろいをかけるどころか、イスラエルの民を祝福しました。
「いつの日か、かがやく星のようにひとりの王が現れて、イスラエルの敵を打ちほろぼすでしょう。」
モアブの王はいかりくるいました。王は大きなかんちがいをしていたのです。王はバラムが自分の命令に従うと思っていました。けれども本物の預言者は、王であっても人間の言葉には従いません。ただ神さまの言葉にだけ、聞きしたがうのです。

神さまの物語 旧約編

約束と警告

聖書のここに書かれているよ
申命記 28章

約束の地は、もう目の前でした。約束の地に入るにあたって、人々の心の準備ができているかを確認するために、モーセは、神さまとのとくべつな契約について、もういちど説明しました。

「主なる神さまが、エジプトから救いだしてくれたことを、忘れてはいけません。神さまがしてくれたことを思いだし、神さまを心から礼拝して、愛と感謝を表さなければなりません。いつも神さまに仕え、すべてのおきてを守らなくてはなりません。

そうすれば、この土地はいつも豊かなままでしょう。食べ物も満ちあふれるでしょう。羊も牛もよく太って、みんなが幸せになるでしょう。イスラエル人は神さまに祝福されていると、世界中の人々が思うでしょう。

けれども、もし神さまの言葉に従わず、にせの神を拝むなら、この土地はやせて、作物は実らなくなります。羊や牛もおなかをすかせます。そして敵がせめてきます。さいごには、ほかの国にせめられて、約束の地から追いだされ、遠い場所に住むことになるでしょう。あなたたちは、祝福されるどころか、のろわれるようになるでしょう。

しかし、もし遠い国に連れていかれても、あなたたちが心から主なる神さまに立ち帰るなら、神さまはゆるして、ふたたび『約束の地』へ連れもどしてくれます。」

モーセはこのように語り、死ではなく命を選び、のろわれるより祝福される生きかたをしなさいと、人々にすすめました。

この物語と関係があるよ
こちらも読んでみよう!

「バビロンへ」
112ページ

「悪魔のゆうわく」
150ページ

神さまの物語 旧約編

人々を導くヨシュア

聖書のここに書かれているよ

ヨシュア記
3－4章

　イスラエルの人々は、ヨルダン川の近くにテントを張りました。ヨルダン川はとても深く、流れの速い川でした。川の向こうには、神さまが約束してくれた土地が広がっていました。

　そのころには、モーセはすでに死んでいて、ヨシュアが指導者になっていました。ヨシュアは、ていさつに出かけた12人のなかで、神さまの約束を信じた、ふたりのうちのひとりでした。

　神さまはヨシュアに言いました。
「強く、勇敢でありなさい。おきてをすべて守りなさい。」
　川の向こうには、エリコの町がありました。ヨシュアは、ふたりの男を送って、町のようすを探らせました。

　エリコの町の王はふたりに気づき、とらえようとして兵士をさしむけました。けれども、ラハブという勇敢な女の人が、ふたりを屋根裏部屋にかくして、にがしてくれました。ラハブの家は、町をぐるりと取り囲む、壁のなかにありました。日が落ちて暗くなると、ラハブは長いつなを窓からたらし、ふたりはそのつなをつたって、壁を降りました。

　ふたりはぶじにテントにもどり、ヨシュアに報告しました。
「エリコの人たちは、こわがっています。イスラエルの神さまがとても強くて、ご自分の民をエジプトから救いだしたことを、知っているからです。」

　つぎの日、ヨシュアは祭司たちに、神さまの契約の箱をかついで、ヨルダン川のなかに運ぶように言いました。契約の箱とは、とくべつな契約の板が入っている大きな箱です。祭司たちが川に足をふみ入れたとたん、川の水が止まり、向こうの岸までかわいた道が現れました。祭司たちが川のまんなかで立ちどまっているあいだに、みんなはぶじに向こう岸までわたることができました。

　それからヨシュアは12人の男を選び、祭司たちが立ちどまっていたところから、石をひとつずつ持ってくるように言いました。男たちはその石を、川岸に積みあげました。主なる神さまが、イスラエルの人々を約束の地に導いてくれたことを、記念するためでした。

この物語と関係があるよ
こちらも読んでみよう！

「海をわたる」
40ページ

神さまの物語 旧約編

エリコの町を征服する

　ヨルダン川をわたったあと、イスラエルの人々は、エリコの町へと進んでいきました。とつぜん、行く手に剣を持った人が現れました。ヨシュアはたずねました。
「あなたはわたしたちの味方ですか。敵ですか。」
「わたしは主なる神さまの将軍です。」その人は答えました。
　そこでヨシュアはひれふして、たずねました。
「あなたの言葉に従います。なにをしたらよいか命じてください。」
　神さまの将軍は言いました。
「はきものをぬぎなさい。あなたは今、聖なる場所に立っているのです。」
　エリコの町は高い壁に囲まれていて、かんたんには近づけません。そこで、神さまが告げました。イスラエルの人々は、6日のあいだ、毎日エリコの町の周りを1周しなければなりません。7人の祭司が先頭にたち、雄羊の角笛を吹きならしながら行進するのです。7日目には町の周りを7周します。そのあいだ、ヨシュアが合図するまで、けっして声を出してはいけません。
　人々は神さまの言葉に従いました。6日のあいだ、毎日1回、町の周りを行進し、7日目には一言も声を出さずに7周しました。そして回りおえたとき、ヨシュアは「大声を上げろ」と命じました。
　人々はみな、声のかぎりにさけび、祭司たちは角笛を吹きならしました。そのとたん、町の壁が音をたててくずれ落ちたのです。
　イスラエルの人々は、町にせめこみました。あちこちで戦いをくりひろげて、さいごには町を占領しました。けれども、ていさつのふたりをかくまってくれた、勇敢なラハブを助けることは忘れませんでした。
　戦いのあと、神さまのテントに置くための貴重なものをのぞいて、エリコの町にあったものはすべて燃やされました。しかし、自分のために、こっそり貴重なものをかくした男がいました。そのことが神さまのいかりをまねき、イスラエルの人々がつぎの町をせめたときには、失敗してしまいます。そして、その男がとらえられて罰を受けるまで、町を占領することはできませんでした。

聖書のここに書かれているよ

ヨシュア記 5-7章

神さまの物語 旧約編

勇者ギデオン

聖書のここに書かれているよ
士師記 6−8章

イスラエルの人々は、約束の地で平和に暮らせるようになるまでに、なんども戦わなくてはなりませんでした。人々はただ、おちついて暮らし、家族の世話をし、自由に神さまを礼拝することを望んでいました。けれども、たえずほかの国がせめてきて、エジプトから助けだしてくれた本当の神さまのかわりに、にせの神を礼拝させようとしました。

あるとき、ミデヤン人の軍隊がせめてきました。ミデヤン人は、バアルという、にせの神を信じていて、バアルの像をイスラエル人にも礼拝させようとしました。そこで神さまは、ギデオンという人に言いました。

「ミデヤン人がわたしの土地にバアルの祭壇を作っている。その祭壇をこわして、わたしのために新たな祭壇を作りなさい。」

ギデオンはバアルの祭壇をこわしましたが、あいかわらずミデヤン人はせめてきます。

ギデオンはミデヤン人と戦うための兵士を集めようと思いました。でもそのまえに、神さまがついているというしるしが欲しいと思いました。そこで夜になると、地面に羊の毛を置いて、神さまに祈りました。

「朝になったとき、この羊の毛だけがぬれていますように。」

夜が明けると、地面はかわいたままなのに、羊の毛だけが露でぬれていました。

つぎにギデオンは、「羊の毛はかわいたままなのに、地面だけがぬれていますように」と祈りました。すると、こんどは地面だけがぬれていて、羊の毛はかわいたままだったのです。2度とも祈ったとおりになったので、ギデオンはほんとうに自分には神さまがついているのだと分かりました。

ギデオンは、ミデヤン人と戦うために、たくさんの兵士を集めました。ところが神さまは、多くの兵は必要ないと言います。そこでギデオンは少数の兵士を選びだすと、ミデヤン軍のもとへ向かいました。

兵士たちはそれぞれ角笛を手にして、水がめのなかに、たいまつをかくし持っていました。日が暮れて、あたりはすっかり暗くなっています。兵士たちは静かに丘を登っていきました。谷間には、ミデヤンの兵士たちがテントを張って休んでいます。あたりはしんと静まり、動くものはありません。ギデオンが合図を送ると、兵士たちは角笛をたかだかと吹きならし、ガシャン！ガシャン！と大きな音をたてて、水がめを地面にたたきつけました。

そのものすごい音に、ミデヤン人たちはとびおき、大軍がせめてきたと思って、テントの外に走り出ました。らくだにとびのってにげようとする者もいました。ギデオンと兵士たちは、にげるミデヤン人を追いかけて戦い、大勝利をおさめました。

神さまの物語 旧約編

怪力サムソン

聖書のここに書かれているよ
士師記 13-16章

　何年かのあいだ、イスラエル人は平和に暮らしました。しかしまもなく、ほかの国々からふたたび攻撃を受けるようになりました。こんどの相手はペリシテ人です。神さまは、イスラエル人を救うために、サムソンという人を選びました。サムソンは怪力の持ち主でした。あまりに力が強かったので、どうもうなライオンを素手で殺したこともありました。何日かたって、サムソンがライオンの死体を見にいくと、なかにみつばちが巣を作っていました。巣には、はちみつがたくさんあります。サムソンはそれを見て、あるなぞかけを思いつき、ペリシテ人にたずねました。
「食べる者から食べ物が出て、強い者から甘いものが出た。これはなにか。」
　しかし、ペリシテ人にはなんのことかさっぱり分かりませんでした。
　ペリシテ人はサムソンをとてもおそれていたので、イスラエル人をおどして、サムソンをなわでしばらせました。けれどもサムソンは、やすやすとなわを引きちぎって、にげだしました。そこでペリシテ人は、こんどはデリラというサムソンの恋人にたのんで、強さの秘密を聞きだそうとしました。はじめのうち、サムソンは秘密をしゃべりませんでしたが、なんどもなんどもデリラがたずねるため、とうとうしゃべってしまいました。「強さの秘密はこの髪の毛にある。わたしは生まれてからいちども、髪を切ったことがない。髪の毛こそが、わたしが神さまのものであるしるしなのだ。」
　そしてある晩、サムソンが眠りこんだあと、デリラは人に命じて、サムソンの髪の毛をすべて切ってしまったのです。目がさめたとき、サムソンの力は消えうせていました。ペリシテ人はやすやすとサムソンをとらえると、牢屋に入れてしまいました。
　その年の終わりに、ペリシテ人は大きな宴会を開きました。その席で、ペリシテ人は、サムソンを笑いものにしようと思って、くさりにつないで連れてこさせました。しかし、牢屋で暮らすうちに、サムソンの髪はふたたび、のびはじめていました。サムソンは、体に力がもどってきているのを感じていました。ペリシテ人がサムソンを見て笑うなか、サムソンは建物の天井を支える大きな2本の柱の間に立ちました。そして静かに、神さまに祈りました。
「ああ、神さま、もういちどだけ、わたしに力をあたえてください。」
　サムソンは、両手をそれぞれ左右の柱にあてると、力をこめてぐっと押しました。はじめ柱はびくともしませんでした。けれども、ぐっ、ぐっと両腕に力をこめていくと、ついにピシリ！と柱にひびが入りました。つぎのしゅんかん、ガラガラッと音をたてて柱はくだけ、ドシャーン！屋根とすべての建物がくずれおちたのです。
　サムソンは死にました。そこにいたすべてのペリシテ人もまた、建物の下じきになって死んでしまいました。

神さまの物語 旧約編

ルツの結婚

聖書のここに書かれているよ
ルツ記

そのころ、ルツという少女が、イスラエルからほど近いモアブの地に住んでいました。年ごろになったとき、ルツはあるイスラエルの若者と結婚しました。この若者の父と母はエリメレクとナオミといい、モアブに移住してくるまえはイスラエルに暮らしていました。しばらくして、ルツの夫が死にました。悲しいことに、ナオミの夫も死にました。ルツはイスラエル人ではありませんでしたが、義理の母であるナオミのことが大好きで、イスラエルの神さまを信じていました。そこで、ナオミがイスラエルに帰ると決めたとき、ついていきたいとお願いしました。

ベツレヘムという小さな町にふたりがたどりついたときには、ちょうど、かりいれのまっさいちゅうでした。ナオミはルツに、収穫する男たちの後ろについて、落ちた麦を拾うように言いました。そこでルツは畑に行きましたが、それはぐうぜんにも、ナオミの親戚のボアズの畑でした。ボアズは、ルツを喜んで受けいれてくれました。イスラエルに住んで、主なる神さまを礼拝したいというルツの願いを、好ましく思ったからです。

ナオミはルツに言いました。
「わたしとボアズが近い親戚だということを、ボアズに伝えなさい。ボアズにはわたしたちの世話をする責任があります。」

そこである夜、ルツは収穫した麦を集めておく場所にしのびこみました。そこに、ボアズがねていたため、ルツはボアズのそばに横になりました。

目を覚ましたボアズは、ルツがそばにねているのを見て、おどろきました。けれども、ルツの話を聞くうちに、すべてを理解しました。
「なにもかもうまくいくから安心しなさい。」

ボアズはそう言うと、ルツにたくさんの麦を持たせて、ナオミのもとへ帰しました。

つぎの日、ボアズは、近い親戚であるナオミの土地を買って、ルツと結婚するとベツレヘムの人々に知らせました。

しばらくして、ボアズとルツに男の子が生まれました。ふたりはその子をオベドと名づけました。オベドは大人になり、エッサイという息子を授かります。そしてエッサイには、ダビデという息子が生まれます。このダビデが成長したのち、いだいな王となるのです。

神さまの物語 旧約編

ハンナとサムエル

聖書のここに書かれているよ
サムエル記 上 1-3章

イスラエルの人々が、エジプトを出て約束の地に入ってから、長い年月がたちました。人々はさまざまな場所で暮らしていましたが、今でも、祖先がエジプトの荒れ野から運んできた美しいテントを訪れて、神さまを礼拝する人もいました。

ある年のこと、ハンナという若い女の人が、神さまのテントを目指して旅に出ました。ハンナは結婚していましたが、子どもがいないことをとても悲しんでいたのです。そこで、神さまのテントに着いたとき、ハンナは祈りました。

「神さま、どうか男の子を授けてください。もし男の子が生まれたら、その子をあなたにお返しします。その子は一生、あなたにお仕えするでしょう。」

翌年、ハンナに男の子が生まれました。ハンナはその子を「サムエル」と名づけました。サムエルがすこし大きくなったとき、ハンナはサムエルを神さまのテントに連れていき、テントを管理している祭司にあずけました。息子を神さまに返すという約束を果たすためです。これからは祭司たちがサムエルの世話をして、神さまに仕える仕事について教えてくれるでしょう。ハンナは毎年、息子の成長に合わせて服を作り、それを持ってサムエルに会いにやってきました。

ある夜、サムエルはふしぎな声を聞きました。「サムエル、サムエル。」

さいしょサムエルは、祭司のエリに呼ばれたのだと思いました。そこでエリのところへ行きましたが、エリは「それはわたしではない。もどって休みなさい」と言います。

しかし、ふたたびサムエルを呼ぶ声がしました。「サムエル、サムエル。」

サムエルはもういちどエリのところへ行きましたが、こんどもエリは「わたしは呼んでいない」と言います。

3度目に、エリは、呼んでいるのは神さまだと気づいて、言いました。「つぎに声が聞こえたら、『主よ話してください。あなたのしもべは聞いています』と言いなさい。」

神さまはもういちどサムエルを呼び、サムエルは答えました。

「主よ話してください。あなたのしもべは聞いています。」

神さまがサムエルを呼んだのは、エリとその家族への伝言を伝えるためでした。サムエルはまだ少年でしたが、このときから預言者として歩みはじめたのです。

この物語と関係があるよ
こちらも読んでみよう！

「ザカリアと天使」
138 ページ

神さまの物語 旧約編

うばわれた契約の箱

聖書のここに書かれているよ
サムエル記 上
4-6章

ペリシテ人がふたたびイスラエルをせめてきました。イスラエル人は神さまに助けてほしいと思い、神さまのテントから、契約の箱を持ちだしました。契約の箱とは、神さまの金色の箱のことです。神さまとの契約が書かれた石板が、なかにおさめられていました。イスラエル人は、戦場へ神さまの契約の箱をかついでいきましたが、ペリシテ人に敗れ、神さまの箱も、うばわれてしまいました。

「ほら、見ろ！」

ペリシテ人たちは大喜びで、さけびました。

「すごいものが手に入ったぞ！」

ペリシテ人は神さまの契約の箱を、高価な戦利品だと考えていたのです。そこで、戦場から持ちかえると、ダゴンという神の像をまつった自分たちの神殿におさめました。ところが夜になって、ふしぎなことが起こりました。ダゴンの像が、ドスンと音をたてて、うつぶせにたおれたのです。ペリシテ人は、神さまの契約の箱の前で、ダゴンの像がたおれているのを見てふるえあがり、不安に思いました。どうしてこのようなことが起きたのでしょう。

ペリシテ人はダゴンを起こして、もとの場所に置くと、神殿のとびらにかぎをかけました。けれどもつぎの朝、前の日と同じように、ダゴンの像はゆかにどさりとたおれていました。それだけでなく、像の頭と手がこわれていたのです。これを見て、ペリシテ人は心の底から、こわくなりました。

「どうしたらよいのだろう。」

みんなで話し合っているあいだに、こんどは何人もの人が病気になりました。

「なにが起こっているのだ」と人々がなげくなか、だれかが、「この気味の悪いできごとは、すべて、あの箱をうばってから起こるようになった」と言いだしました。

「あの箱をどこかにやってしまおう。」

ペリシテ人は口々に言うと、神さまの箱を持ちあげて、荷車の上に置きました。そして2頭の雌牛に荷車をひかせ、どこに運ばれていくのか見ていました。雌牛たちは行く先を分かっていて、まっすぐにイスラエルの地へ、神さまの箱を運んでいきました。

このころには、サムエルは成長して大人になり、神さまの預言者として、広く知られていました。サムエルはイスラエルの人々に告げました。

「神さまの箱と、神さまとの契約を取りもどしたいのなら、あなたたちは、ただひとりの本当の神さまだけを礼拝すると、約束しなければなりません。」

王になるのはだれ

聖書のここに書かれているよ
サムエル記 上
8－16章

　約束の地で暮らすようになってしばらくすると、イスラエルの人々は、こんどは周りの国々のように、自分たちの王が欲しいと思うようになりました。サムエルは警告しました。王といっても、良い王ばかりではありません。自分のことばかり考えて、民をだいじにしない王だっているのです。それでも人々が王を望んだため、サムエルは神さまに祈りました。

　神さまは、サウルという人をイスラエルのさいしょの王に選びました。そこで、サムエルは出かけていって、サウルの頭に聖なる油を注ぎ、「神さまの霊に満たされて、良い王になるように」と祈りました。

　サウルは人々を率いて敵と戦いました。さいしょのうちはうまくいき、戦いにも勝ちました。けれども、しだいにサウルは、神さまの言葉に従わなくなります。ついには神さまにみすてられ、サムエルに「あなたの王座も長くはない」と告げられてしまいました。

　同じころ、神さまはサムエルに命じました。

「ベツレヘムに行きなさい。そこにエッサイという男がいる。わたしはエッサイの息子のひとりを、サウルにかわる王としよう。」

　しかし、サムエルがエッサイを訪れたとき、そこにいた7人の息子のなかに、王となる人はいませんでした。

「あなたの息子はこれですべてですか。」

　サムエルがたずねると、エッサイは答えました。

「もうひとり、末っ子のダビデがいますが、今ここにはいません。羊の世話をするために野原に出ています。」

「すぐに連れてきてください。」

　使いがダビデを探しにいっているあいだ、みんなは待って、待って、待ちました。ついにダビデがみつかったとき、神さまはサムエルに言いました。

「この人です。この人に油を注ぎなさい。」

　そこでサムエルは、兄弟たちの前でダビデに聖なる油を注ぎました。このときから、ダビデは力強い神さまの霊に満たされるようになりました。けれども、まだ王になるときではなかったので、ダビデは羊の世話をするために帰っていきました。

この物語と関係があるよ
こちらも読んでみよう！

「わたしをだれだと思っていますか」
174 ページ

神さまの物語 旧約編

巨人をたおしたダビデ

サムエル記 上
17－18章

　そのころ、イスラエルとペリシテ人のあいだで、ふたたび戦いがはじまろうとしていました。ダビデの兄たちも戦いに出ていたので、ダビデは父親に言われて、食べ物を持って会いにいきました。戦場に近づいたとき、さけび声が聞こえてきたので、ダビデは兄たちをみつけて、なにがあったのかたずねました。
「巨人だよ。」兄たちは答えました。「ゴリアトといって、すごく大きな男だ。ペリシテ人の最強の戦士で、毎日のように出てきては、イスラエル人に一対一のけっとうをいどむんだけど、だれも戦おうとはしないんだ。」
　ダビデはサウル王のところに行きました。
「あの男は神さまの民をばかにしています。わたしが行って、打ちたおしましょう。わたしは羊をおそおうとしたライオンやくまを、たおしたことがあります。」
　サウルはダビデに自分のよろいを着せようとしましたが、ダビデには大きくて重すぎました。そこでダビデは、よろいをぬぎ、羊飼いの杖と石投げひもだけを持って、戦いに向かいました。そしてとちゅうの河原でなめらかな石を5つ拾って、ふくろに入れました。
　ゴリアトはダビデを見て、いかりました。
「杖を持って向かってくるなんて、おれを犬とでも思っているのか。それ以上、近寄ってみろ、おまえの体を鳥のえさにしてやろう。」
　ダビデは答えました。
「おまえは剣と盾でわたしに向かってくるが、わたしは生ける神さま、主の名前において、おまえに立ち向かう。」
　そしてすばやく石をひとつ取りだすと、石投げひもを使って、ゴリアトめがけて飛ばしました。石はそのひたいに命中し、ゴリアトは地面にたおれました。ダビデはすばやく走りよると、ゴリアトの剣をにぎってその首を切りおとしました。
　最強の兵士が死んだのを見て、ペリシテ人はしっぽをまいてにげ出しました。イスラエル人はそれを見て、歓声を上げて追いかけました。
　サウル王はダビデの技と勇気に感心し、王宮に連れかえりました。サウルの息子ヨナタンはダビデを気にいり、ふたりは親友になりました。

主はわたしの羊飼い

ダビデは竪琴の名手でした。子どものころ、野原で羊の世話をしながら、竪琴をひき、ときには歌も作りました。これは、守り導いてくれる神さまに、感謝をささげる詩です。

聖書のここに書かれているよ
詩編23編

　　主はわたしの羊飼い
　　わたしに足りないものはありません
　　主はわたしを緑の野に導き　休ませて　食べさせてくれます

　　主は冷たくきれいな流れから水を飲ませ
　　わたしを生き返らせてくれます
　　ご自身の名前にふさわしく　正しい道へと導いてくれます

　　たとえ暗くおそろしい道を　行かなくてはならないときも
　　わたしはけっして　おそれません
　　あなたがともに　いるからです

　　あなたの鞭と杖を見て　わたしは心から安心します
　　敵や見知らぬ者の前で
　　あなたはわたしの食卓を整えます

　　あなたはわたしの頭に香油を注ぎ　わたしの杯はあふれるほどです
　　あなたの恵みといつくしみが
　　わたしを追って　つきることがありません

　　命のつづくかぎり
　　わたしは主の家に住むでしょう
　　そして心から安らぎます　これから先いつまでも

この物語と関係があるよ
こちらも読んでみよう！

「良い羊飼い」
188ページ

ダビデとサウル

　サウルは王になったあと、落ちこんだり、おこりっぽくなったりすることがありました。サウルの家来たちは、ダビデが竪琴の名手だと聞いて、ダビデを王宮に連れていきました。おだやかな音楽を聞けば、王の気持ちがいやされるのではないかと考えたからです。ダビデが奏でる竪琴の音を聞くと、サウルの気持ちは楽になるのでした。

　けれども、ダビデがゴリアトをたおしたあとは、サウルはダビデをねたむようになりました。自分よりもダビデの名声が高まりつつあったので、気が気ではなかったのです。サウルはまえにも増しておこりっぽくなり、ダビデを殺そうと考えました。しかし、ヨナタンは父であるサウルを止めようとしました。そこで、サウルはヨナタンにも腹をたてました。

　ダビデはにげるしかありませんでした。サウルとその兵士たちは、ダビデを追いかけてつかまえようとしましたが、ダビデは友人たちといっしょに洞穴にかくれました。そしてあちこちと場所を移動したので、サウルはダビデを探しだすことができませんでした。

　ある日のこと、ダビデと友人たちは、サウルがテントを張って眠っているのをみつけました。友人たちはサウルを殺そうとしましたが、ダビデは止めました。サウルはまだ、神さまが油を注いだ王だったからです。

　けっきょく、サウルはダビデをとらえることはできませんでした。そののち、サウルとヨナタンは、ペリシテ人との戦いで死んでしまいます。その知らせを聞いたとき、ダビデは泣きくずれました。ヨナタンは最愛の友人だったからです。

聖書のここに書かれているよ

サムエル記上 16 – 26、31章

サムエル記下 1章

ダビデへの約束

聖書のここに書かれているよ
サムエル記下5、7章

サウル王とその息子が死んだため、しばらくのあいだ、サウルの家来とダビデに従う者たちのあいだで、争いが起こりました。さいごにはダビデたちが勝利し、ダビデが王になりました。

王になったダビデは、大きな宮殿をエルサレムに建てることにしました。エルサレムはダビデの都でした。宮殿が完成すると、つぎにダビデは神さまのための家を建てようと思いました。契約の箱は、今でも神さまのテントに置かれていましたが、ダビデはりっぱな家を造りたいと考えたのです。

そんなダビデのもとに、預言者ナタンがやってきました。

「神さまの言葉をお伝えします。」

ナタンは語りだしました。

「これまでわたしは、常にテントで暮らしていた。そしてわたしは、羊飼いの少年だったあなたを選んで、王にした。あなたは、わたしの民に平和をもたらす。あなたは、わたしのために家を建てたいと望んでいるが、わたしがあなたのために『家』を建てよう。あなたが死んだのちも、あなたの子が王になると、約束しよう。その子がわたしの家を建てるだろう。そして、その子の子孫、すなわちダビデの『家』は、とこしえに王となるだろう。」

ダビデはおどろき、心から喜びました。そしてすばらしい約束をしてくれた神さまに、感謝の祈りをささげました。

この物語と関係があるよ
こちらも読んでみよう！

「すばらしい神殿」
92ページ

「天使の知らせ」
140ページ

ダビデのあやまち

聖書のここに書かれているよ
サムエル記下
11－12章

　イスラエルが敵と戦うときは、しばしばダビデ王も軍隊を率いて戦いました。けれどもあるとき、戦いを将軍に任せて、ダビデがエルサレムに残ったことがありました。その夜、ダビデが宮殿の屋上に上がって、町を見おろしていると、水浴びをしている女の人が見えました。その人は、今戦場で戦っているウリヤという兵士の妻で、名前はバト・シェバといいました。

　バト・シェバはたいそう美しかったので、ダビデは忘れることができませんでした。そこで家来に命じて、バト・シェバを宮殿に連れてこさせました。そして一晩をともに過ごしたあと、家に送りかえしました。

　しばらくして、バト・シェバが赤ちゃんを身ごもったことが分かりました。赤ちゃんの父親が自分だと知ったダビデは、あわててバト・シェバの夫に戦場からもどるように命じ、妻のもとへ帰るようすすめました。

　けれどもウリヤは断りました。仲間がまだ戦っているのに、自分だけ家に帰ることなど、できないと思ったからです。そこでダビデはウリヤを戦場にもどし、最前線で戦わせるよう、将軍に命じました。最前線で戦うということは、死ぬ危険がもっとも高いということです。そしてじっさいに、そのとおりになりました。ウリヤは戦いで死に、ダビデはバト・シェバを妻にすることができたのです。

　そうしたなか、預言者ナタンがダビデに会いにやってきました。ナタンは金持ちの男の話をはじめました。この男は強欲で、たくさんの羊を持っているのに、近所に住む貧しい男がかわいがっている小羊をうばいました。貧しい男はその小羊のほかは、なにも持っていなかったのに。

　その話を聞いてダビデは、はげしくいかりました。

「それはだれだ。だれであろうと、死んでとうぜんの男だ。」

　ナタンは言いました。

「それはあなたです。あなたはウリヤの妻をうばい、しかもウリヤを殺しました。」

　そのときダビデは、自分がいかにおそろしい罪をおかしたのか、さとったのです。

アブシャロムの反逆

ダビデ王には、いくにんかの妻と、たくさんの子どもたちがいました。息子のひとりはアブシャロムといい、長い髪の毛をなびかせた、ごうまんでうぬぼれの強い若者でした。

アブシャロムは、自分が父親よりもりっぱな王になれると考えていました。そこで、有力な人々を味方につけ、反乱に加わるよう、国中に使いを送って呼びかけました。アブシャロムは父のダビデ王をだまし、忠実なふりをしながら、ひそかに反乱をたくらんでいたのです。

たくらみに加わる人はどんどん増え、アブシャロムのもとに多くの兵士が集まりました。そこで、アブシャロムは行動を起こしました。エルサレムに使者を送ると、「今やアブシャロムが王となった」とダビデに告げたのです。

それを聞くと、すぐにダビデは忠実な家来を率いてエルサレムを去り、ヨルダン川をわたって、安全な場所にのがれました。

アブシャロムは兵士を集めて、ダビデの軍隊に戦いをいどみました。ダビデはアブシャロムを傷つけないように命じましたが、それはかないませんでした。一日中はげしい戦いが行われたすえ、ダビデの軍隊が勝利しました。

アブシャロムはらばに乗って、にげだしました。ところが、にげるとちゅうで、らばが木の下を走ったため、長い髪の毛が枝にからまってしまいました。らばは走りさり、アブシャロムは木にぶらさがったまま、動くことができませんでした。そして、ダビデの兵士にみつかり、なすすべもなく、殺されてしまいました。

将軍はダビデに使者を送って、戦いに勝ち、アブシャロムが死んだと伝えました。使者はダビデが喜ぶと思っていましたが、それはまちがいでした。ダビデは自分の部屋にこもると、なみだを流したのです。

「ああ、アブシャロムよ。わたしの息子よ。おまえのかわりにわたしが死ねばよかった。」

そう言って、ダビデはなげき悲しみました。

聖書のここに書かれているよ
サムエル記下 15－19章

世界でもっともかしこい王

ダビデは長いあいだ、イスラエルを治めました。ダビデが死んだあと、その息子のソロモンが王となりました。ソロモンはまだとても若く、本当の神さまである主を愛し、神さまだけを信じていました。ある夜、夢のなかで神さまがソロモンに話しかけました。

「あなたの望むものを言いなさい。なんでもかなえてあげよう。」

ソロモンは、良い王になるのはとても難しいと知っていました。そこで、知恵が欲しいと神さまに願いました。ソロモンは自分の民について深く理解し、正しい決定をしたいと望んでいたのです。

神さまはその願いをとても喜びました。そして、たくさんの知恵を授けてくれたので、ソロモンは世界でいちばんかしこい人になりました。

ある日、ふたりの女がソロモンの宮殿に連れてこられました。ふたりはたがいにさけび、ののしりあっています。ソロモンは女たちをおちつかせて、なにがあったのかたずねました。家来のひとりが説明をはじめました。このふたりは、近ごろ赤ちゃんを産みました。けれども、夜のうちにかたほうの赤ちゃんが死んでしまいました。そしてふたりは、生きているほうが自分の赤ちゃんだと、たがいに言いはっているのです。

ソロモンは兵士のひとりに命じました。

「剣を取って、この子どもをふたつに切りなさい。そしてふたりに半分ずつわたしなさい。」

「そうしてください。」

ひとりの女が言いました。その人はとつぜん、赤ちゃんのことなど、どうでもよくなったようでした。

ソロモンがもうひとりの女を見ると、その人はさけびました。

「やめてください、王さま。それだけはしないでください。この人に赤ちゃんをあげてもかまいません。」

「こちらが本当の母親だ。」

すぐにソロモンは言いました。その人がなにを犠牲にしても、子どもを救いたいと思っていることが、分かったからです。

このあと、みんながソロモンの知恵に感心し、ソロモンには神さまがついていると、広く知れわたりました。

聖書のここに書かれているよ

列王記上 2-3章

神さまの物語 旧約編

生きるための知恵

> 聖書のここに書かれているよ
> 箴言
> コヘレトの言葉

　ソロモン王は、多くの格言や、ためになる言葉を残したことで有名です。ここでは、そのなかでよく知られているものを、いくつか紹介します。これらの言葉は、ソロモンの時代から三千年たった今でも、色あせていません。

やさしい言葉は命の木
うそをつく舌は心をこなごなにする　　箴言15章4節

ふさわしいときのふさわしい言葉は
銀の皿にのった金のりんご　　箴言25章11節

あげる気のないおくりものをじまんする人は
雨を降らせない黒雲のようだ　　箴言25章14節

他人の争いに口をはさむ者は
野良犬の耳をつかむ者と同じ　　箴言26章17節

鉄は鉄で研がれるように
人はその友によって研がれる　　箴言27章17節

水面に顔が映るように
心はその人を映す　　箴言27章19節

死んだはえが良い香りの油をくさくするように
わずかな愚かさがすべての知恵をだいなしにする　　コヘレトの言葉10章1節

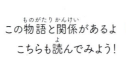
この物語と関係があるよ
こちらも読んでみよう！

「新しい世界の知恵」
270ページ

神さまの物語 旧約編

すばらしい神殿

聖書のここに書かれているよ
列王記 上
5－9章

ソロモンの父のダビデ王は、神さまのために家を建てたいと思っていました。それまで神さまはテントに住み、イスラエルの人々とともにいました。ダビデはテントのかわりに、木と石で神殿を造ろうと考えたのです。しかし、神さまはダビデに神殿を建てることを許しませんでした。ダビデが戦いにあけくれていたからです。そのかわり神さまは、「ダビデの息子が神殿を建てるだろう」と告げました。

その息子がソロモンでした。ソロモンはまず、最高の材料を集めました。じょうぶな石、質の良い木材、黄金、宝石などです。つぎに、もっとも腕の良い大工と職人を集めました。祭壇、テーブル、ろうそく立てなど、神殿のなかでとくに重要なものは、すべて金で作られる予定です。とびらもすべて、金で作られることになっていました。どこもかしこも、すばらしい建物となるでしょう。

神さまの神殿を建てるのに、7年かかりました。ついに完成したとき、ソロモンは祭壇の前に立ち、人々の先頭で祈りをささげました。それからみんなを祝福し、せいだいに祝いました。このお祝いは1週間つづきました。

ソロモンは、神さまは天にいると知っていました。けれども、ソロモンの祈りが終わったとき、すばらしいことが起こりました。ソロモンとすべての人々が見まもるなか、神さまの栄光にかがやく雲が天から降ってきて、神殿を満たしたのです。ソロモンは、天と地が結ばれたことを知りました。

神さまはソロモンに告げました。

「もしあなたたちが、わたしの決まりを守り、おきてに従うなら、わたしはいつまでもイスラエルの民とともにいるだろう。」

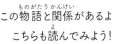
この物語と関係があるよ
こちらも読んでみよう！

「希望と喜びの歌」
126 ページ

「新しい神殿」
256 ページ

神さまの物語 旧約編

シェバの女王

聖書のここに書かれているよ
列王記 上 10-11章

ソロモンは世界でもっとも有名な王でした。とてもかしこくて、あらゆることを知っていました。木や植物について、太陽や月や星について、動物や鳥について、なんでも教えることができました。さらにソロモンは、人がどのように考えて、どのように行動するのか知っていました。良いものはなんで良いのか、悪いものはなんで悪いのかも知っていました。

ソロモンの評判を聞いて、シェバの女王がはるばるアフリカから訪ねてきました。女王はらくだを連れてやってきました。らくだには、香料、黄金、宝石といったおくりものがたくさん積まれています。女王はたくさんの質問をしては、ソロモンの言葉に耳をかたむけました。ソロモンはそのすべてに答えることができました。女王はまた、すばらしい宮殿、料理、飲み物、きれいな服を着た召し使いを見ました。そして、美しい神殿で、ソロモンが神さまを礼拝する姿も見ました。

「王さま、あなたのうわさは、まえから聞いていました。」

女王は言いました。

「けれども、聞くのと見るのとでは、おおちがいです。ここはなんてすばらしいところでしょう。あなたはほんとうに、神さまに祝福されています。」

ソロモンは長いあいだ、イスラエルを治めました。はじめのうちは知恵のある良い王でしたが、年をとってからは、その知恵がはなれていきました。ソロモンはさまざまな国から、おおぜいの女を妃にむかえました。この女たちは、ソロモンの宮殿にそれぞれの国の神を持ちこみました。ソロモンは、妃たちに本当の神さまのことを教えるどころか、妃たちが持ちこんだ神を礼拝するようになりました。

神さまはとても悲しくなりました。ソロモンが神さまとのとくべつな契約をやぶり、にせの神を礼拝したからです。そのために、のちにソロモンの王国は、ふたつに分裂することになるのです。

神さまの物語 旧約編

王国が分裂する

ソロモンが死んだあと、その息子のレハブアムがイスラエルの王になりました。当時は、12の部族が集まって、イスラエルという国をつくっていました。この12の部族は、それぞれヤコブの12人の息子たちの子孫です。

さいしょのうち、レハブアムは12部族をすべて治めていました。けれども、その支配は長くはつづきませんでした。レハブアムはいじわるな若者で、いばりちらして、人々を苦しめました。すぐに、ほとんどの部族がほかの王を望むようになりました。

ユダ族とベニヤミン族という南のふたつの部族だけが、レハブアムのもとにとどまりました。しかし、ほかの10の部族は別の道を進み、別の王に従うことにしたのです。この10の部族は、かつてソロモンに仕えていた、ヤロブアムという人を王に選びました。

ヤロブアムは北部の町シェケムを都としました。そしてエルサレムの神殿で神さまを礼拝するかわりに、むかしアロンが荒れ野で行ったように、金の子牛の像を2体作りました。そして、そのうちの1体を、国の中央にあるベテルの町に、もう1体を北方のダンの町に置きました。

ヤロブアムは人々に、「これが、あなたたちをエジプトから救いだしてくれた神さまである」と告げました。

さらに、モーセをまねて、自分で新しい祭りを定めました。

このときから、ダビデとソロモンの王国は、北と南に分裂しました。ヤロブアムの治める北の「イスラエル王国」と、レハブアムの治める南の「ユダ王国」です。

神さまはとても悲しみました。そこで預言者を送って、ヤロブアムに告げました。「あなたは、おおぜいの人々を神さまから遠ざけたため、罰を受けることになるでしょう。」

聖書のここに書かれているよ
列王記上 12−13章

この物語と関係があるよ
こちらも読んでみよう！

「金の子牛の像」
46ページ

神さまの物語 旧約編

預言者ホセア

神さまとイスラエルとのとくべつな契約は、たとえるなら結婚のようなものでした。神さまが夫にあたり、イスラエルが妻にあたります。これが神さまと人々との契約でした。けれどもヤロブアムは、北の部族を主なる神さまから遠ざけ、にせの神を礼拝させました。それは、妻が夫をみすてて、ほかの男と暮らすようなものでした。

神さまは、北の部族が契約をやぶったことを悲しみました。そして、その悲しみを知ってほしいと思いました。

そこで神さまはホセアという預言者を選び、「さいしょはあなたを愛するけれど、のちにほかの人のもとに去ってしまう女の人を愛しなさい」と命じました。それは、なんとかしてこの悲しみを人々に伝えるためでした。

かわいそうなホセア。ホセアは妻を愛し、しばらくのあいだ、ふたりは幸せに暮らしました。けれども、妻はほかの男のもとへと去りました。ホセアは悲しくて、さびしくてたまりません。そこで人々に、自分は妻にみすてられたと語りました。そして、人々が神さまをみすてたため、神さまもホセアと同じように悲しく、さびしいと思っていると、うったえました。それでも神さまは、はなれてしまったご自分の民を変わらずに愛し、もどってきてほしいと思っているのです。

神さまは、イスラエルの民をエジプトから救いだしたときの喜びを覚えていました。もういちど、同じ喜びを分かちあいたいと思っていました。だからこそ、ホセアは北イスラエル王国の人々に、「神さまにそむけば災いが起こる」と警告しました。人々は、すぐに神さまのもとへ帰って、心からあやまらなければなりません。

そうすれば、神さまはゆるしてくれるでしょう。そして、北イスラエル王国は栄えるでしょう。深く根をおろし、枝を広げ、かぐわしい香りをはなち、庭に気持ちの良い木かげをつくる、美しい大木のような国になるでしょう。

聖書のここに書かれているよ
ホセア書
1−2、11、14章

エリヤとバアルの預言者

聖書のここに書かれているよ
列王記上 18-19章

　北イスラエル王国にはもうひとり、神さまにそむいた王がいました。その王はアハブといい、その妃はイゼベルといいました。ふたりは、主なる神さまではなく、バアルを信じていました。さらに、「バアルの預言者」と名のる家来が、おおぜい仕えていました。

　あるとき、神さまはエリヤという預言者をつかわしました。エリヤは、にせの神を礼拝してはならないと警告しましたが、人々は聞きいれようとしませんでした。そこでエリヤは、バアルの預言者に勝負をいどみました。

　まずは、バアルの預言者が祭壇を作り、犠牲の動物を焼くために火を送ってほしいと、バアルに祈りました。「バアルよ、わたしたちの願いを聞いてください。」

　バアルの預言者たちは一日中、大声で祈りつづけました。けれども、なんの返事もなければ、火もつきません。

　つぎはエリヤの番です。まずエリヤは祭壇を作り、犠牲の動物を用意しました。つぎに、祭壇の周りに深いみぞをほって、祭壇の上からたくさんの水を注いだので、人々はエリヤがおかしくなったのだと思いました。しかし、さいごにエリヤはひざまずくと、主なる神さまに静かに祈りました。

　とつぜん、巨大な火の玉が空から降ってきました。火はすべての水をなめつくし、すべてを焼きつくしました。人々はおどろいて、思わずひざをつくと、主なる神さまを礼拝しました。勝敗は明らかでした。

　このできごとを聞くと、アハブとイゼベルは、はげしくいかりました。そしてエリヤを殺そうとしたので、エリヤはいそいで荒れ野へのがれました。エリヤは長い道のりを歩いて、シナイ山までやってきました。シナイ山は、むかし神さまがモーセの前に現れた場所です。エリヤがシナイ山に着いたとき、ひどい嵐が起こりました。風がうなり、地面がゆれ、火がふきあがりました。けれども、主なる神さまは、風のなかにも、地震のなかにも、火のなかにもいませんでした。

　そのあと、かすかな声が聞こえてきました。それが神さまの声でした。
「もどりなさい。」神さまはエリヤに告げました。「あなたはエリシャという若者に出会います。この若者が、あなたのあとをつぐ預言者となるでしょう。」

この物語と関係があるよ
こちらも読んでみよう！

「神さまの山の上で」
44ページ

神さまの物語 旧約編

敵をいやしたエリシャ

聖書のここに書かれているよ
列王記上 19章
列王記下 2、5章

　エリヤは、神さまの言葉に従いました。そこを立ち去ってエリシャをみつけ、預言者として育てました。エリシャはエリヤに言いました。
「わたしはあなたのような、力ある預言者になりたい。」
「そうか、それは難しい願いだ。」エリヤは答えました。「だが、わたしがあなたのもとから、連れさられる日がくる。その日になれば、あなたは求めるものを手に入れるだろう。」
　ある日、ふたりが荒れ野を歩いていると、神さまがエリヤを天へと連れさるために、火の戦車を送りました。戦車ははげしい風とともにエリヤをさらい、天へとかけあがっていきました。そのはずみに、エリヤのマントが落ちました。エリシャはそのマントを拾い、身にまといました。この日から、エリシャはエリヤのように力のある預言者となり、病人を治し、おなかをすかせた人に食べ物をあたえることができるようになりました。
　そのころ、アラムという強大な国が、たびたびイスラエルにせめてきました。アラム人の将軍ナアマンは、ひどい病にかかっていました。病気は全身をおおっていて、ナアマンは治すために、あらゆる手をつくしましたが、うまくいきませんでした。
　あきらめかけていたとき、ナアマンは召し使いの少女から、エリシャのうわさを聞きました。そこで、奇跡が起こるかもしれないと思い、エリシャを訪ねました。
　ところが、エリシャはナアマンに会おうともせず、「帰って、ヨルダン川の水で7回体を洗いなさい」とだけ、告げました。
　ナアマンはおこって、さけびました。
「そんなことをしてなんになる。川なら、もっと良い川がアラムにはたくさんある。」
　けれども、帰るとちゅうに思いなおして、ナアマンはエリシャに言われたことを試してみました。するとたちまち病気が治ったのです。
　このできごとのあと、ナアマンは、イスラエルの主なる神さまだけが、本当の神さまだとさとりました。そこでアラムに帰ったあとも、主なる神さまを礼拝しようと思いました。それは簡単なことではありませんでしたが、本当の神さまだけを礼拝したいとナアマンは思ったのです。

この物語と関係があるよ
こちらも読んでみよう！

「神さまの王国の訪れ」
152ページ

神さまの物語 旧約編

イザヤと神さまの幻

聖書のここに書かれているよ
イザヤ書 6章

　神さまは、北の部族が自分にそむきつづけたため、ひどくがっかりしました。しかし、南のユダ王国の人々もまた、神さまに従いませんでした。ユダ王国の王は弱く、神さまの道に人々を導くことができなかったのです。

　ある日のこと、イザヤという若者が、ユダ王国の首都エルサレムの神殿を訪れました。そこでイザヤは、息をのむほどすばらしい光景を目にしました。それは主なる神さまの幻でした。神さまはとても高い玉座に座り、その周りを炎のような天使たちが囲んでいます。神さまの栄光にかがやく雲が、神殿を満たし、天使たちが歌っています。

　　聖なる、聖なる、聖なる、王である主よ
　　その栄光は全地に満ちる

　イザヤはおそれました。罪深い者が神さまの姿を見たら、生きてはいられないからです。すると、天使のひとりが祭壇から焼けた炭を取り、その炭でイザヤの口にふれました。
「これであなたの罪はなくなりました。」
　そのとき、イザヤは神さまの声を聞きました。
「わたしは、だれをつかわしたらよいか。わたしの言葉を語るのはだれか。」
「わたしです。」イザヤは答えました。「どうぞ、わたしをつかわしてください。」
　神さまは言いました。
「よろしい。行って人々に災いが起こると告げなさい。人々は耳で聞いても、さとろうとはしない。だから、まるで木のように切りたおされる。だが、切り株には聖なる命が残る。そしていつの日か、切り株から命が芽ぶき、ふたたび大木となるだろう。」

この物語と関係があるよ
こちらも読んでみよう！

「ダマスコへの道」
238ページ

「ヨハネとイエスさまの幻」
276ページ

ユダの王ヒゼキヤ

聖書のここに書かれているよ
列王記下 18－19章

　神殿で幻を見たあと、イザヤはいだいな預言者になり、ユダの人々に、にせの神の礼拝をやめるよう警告しました。やめなければ、災いを招くことになるでしょう。そして何年もたってから、ついにその預言が現実のものになりました。当時、世界最強のアッシリアの王が、軍隊を送って、北イスラエル王国を攻撃したのです。アッシリア軍は北イスラエルをほろぼし、さらに南に進んで、小さなユダ王国にもせまりました。

　そのころ、ユダ王国を治めていたのは、エルサレムにいたヒゼキヤという王でした。ヒゼキヤはアッシリアの王に金銀を送って、軍隊を引きあげてほしいとたのみましたが、アッシリア王は、そのたのみを笑いとばしただけでした。

　アッシリアの大軍がエルサレムの城壁にせまったとき、人々はふるえあがりました。ヒゼキヤ王は、家来を城門の上に送りました。アッシリア軍からも使者が送られ、城門の上にいる人々に呼びかけました。

「降伏しろ。ヒゼキヤの言うことを聞いてはならない。われわれは、ユダのほかの町をすべて占領した。すぐにエルサレムも、われわれの手に落ちるだろう。」

　アッシリアの使者はヒゼキヤにも手紙を送り、降伏を呼びかけました。その手紙を見るなり、ヒゼキヤは神さまの神殿に向かいました。そして神さまの前で手紙を広げ、ひざまずいて祈りました。

「アッシリア人はあなたを笑っています。けれども主よ、あなただけが本当の神さまです。どうか、わたしたちを救ってください。」

　神さまはその祈りを聞くと、預言者イザヤをヒゼキヤのもとに送って、「エルサレムは守られる」と告げました。

　その夜、ヒゼキヤの願いはかなえられました。おそろしい病気がアッシリア軍のあいだで広まったのです。おおぜいの兵士が死にました。アッシリアの王は、もはや笑いませんでした。自分の国にもどり、まもなくアッシリアの王も死にました。

神さまの物語 旧約編

みつかった巻物

ときがたつにつれ、エルサレムの人々は、神さまと神さまがしてくれたことを忘れてしまいました。神殿はもはや、むかしのように美しくありませんでした。建物は荒れはて、人々に愛されず、放置されているようにみえました。

けれども、なんとかしてこの状況を変えようとした王がいました。ヨシヤという王は、神殿を修復するように命じ、すべての儀式をもとどおり行うことにしました。人々は神さまを礼拝し、正しく神さまに仕えなければなりません。そんなある日、修復中の神殿の内部で、祭司のひとりが大きな巻物をみつけました。それはとても古い巻物で、ほこりにおおわれていました。

「いったい、これはなんだろう。」

さいしょ祭司はいぶかしく思いましたが、広げてみて、おどろきました。それはモーセのおきてでした。何百年もまえに、神さまが神さまの民と交わした、とくべつな契約が書かれていました。この巻物は長いあいだ開かれることもなく、忘れさられていたのです。

祭司が巻物を見せると、ヨシヤはまっさおになりました。その巻物には、もし人々が神さまにそむくなら災いが降りかかると、はっきりと書かれていたからです。そこで王は、すべてを正しい道にもどそうと考えました。まずは祭司たちに命じて、神殿に置かれていた、にせの神の像を取りのぞきました。それから、国中のバアルの祭壇をこわしました。さらにヨシヤは、主なる神さまを礼拝し、そのおきてに従うことを、人々に約束させました。

ヨシヤはできるかぎりのことを行いました。しかし、人々がふたたび神さまを忘れ、もとにもどるまでに、たいして時間はかかりませんでした。そこで神さまは、預言者エレミヤをつかわしました。

エレミヤは言いました。

「外側だけを取りつくろっても意味がありません。だいじなのは心です。心から神さまを礼拝していますか。貧しい人や困っている人の世話をしていますか。」

エレミヤは、おそろしい災いのときが近づいていると、警告しました。エルサレムは敵にせめられて、破壊されるでしょう。人々は遠い国へと連れていかれ、見知らぬ土地で暮らさなければなりません。けれども、やがて神さまが人々の心を変えるでしょう。そのとき人々は、本当の神さまの民となるのです。

聖書のここに書かれているよ

列王記下 22-23章

エレミヤ書 25章

神殿を去る神さま

聖書のここに書かれているよ
エゼキエル書 10章

ダビデとソロモンの時代に、神さまは、エルサレム神殿で人々とともに暮らすと約束しました。けれども、ほとんどの人が、もはや神さまを忘れ、人々を導くはずの祭司までもが、神さまのことを気にしなくなりました。それどころか、人々はにせの神を礼拝し、自分勝手で、にくしみに満ち、ひどいことばかりしていました。

けれども、ひとりの善良な祭司がいました。この人の名はエゼキエルといい、預言者でもありました。ある日のこと、エゼキエルはおそろしい幻を見ました。それはエルサレム神殿の幻でした。そして、そこで見た光景に、エゼキエルはふるえあがりました。巨大なかがやく雲が神殿から出ていこうとしていたのです。雲のなかには、ふしぎな姿の天使が見え、天使のかたわらには、車輪がびゅんびゅん回っています。

よく見ると、天使は戦車のような玉座を運んでいます。エゼキエルはさらに目をこらしました。すると、もっとおそろしいものが見えました。明るい雲に囲まれて、戦車のような玉座に座っているのは、神さまだったのです。

エゼキエルが見つめるなか、戦車のような玉座、天使と車輪、そしてすべてのものが、オリーブ山の空に上っていきました。そして、どんどん遠ざかって、やがて見えなくなりました。

エゼキエルは、その幻がなにを意味しているのか分かりました。神さまは、ご自分の民をみかぎったのです。人々も、人々を導く祭司も、悪い行いばかりしていたため、もはや神さまはいっしょにいてはくれないのです。

神殿は空っぽになりました。神さまは神殿を捨てました。そしてこのあと、この空っぽの神殿は、敵の手に落ちることになるのです。

この物語と関係があるよ
こちらも読んでみよう！

「イエスさまと神殿」
198 ページ

「すべてのものの歌」
278 ページ

バビロンへ

列王記下 25章
詩編 42、137、142編

　エレミヤやほかの預言者たちの言葉は、現実のものになりました。預言者たちは、何百年もまえにモーセが警告したように、人々に災いが起こると警告しました。

　そして、今では世界最強の国となったバビロニアの軍隊が、ユダ王国にせめてきて、エルサレムを取り囲み、攻撃したのです。

　バビロニア軍はようしゃがありませんでした。ユダ王国の王はとらえられて、その息子は殺されました。エルサレム神殿は焼かれました。王とともに、多くの人々が、バビロニアの都バビロンへ連れていかれました。

　ユダ王国の人々は、故郷から遠くはなれた土地で暮らさなければなりませんでした。バビロニア人は、ユダの人々をばかにして、からかいました。

「おまえたちの、あのすばらしい歌を聞かせてくれよ。ほら、神殿で歌っていた、あの歌を歌えよ。」

　月日がたつにつれ、人々は失ったものの大きさをますます実感するようになりました。そして主なる神さまに、みすてられたと感じました。まるで自分たちは、冷たい泉を探してさまよう野のけもののようです。愛する人もおおぜい殺されました。人々はがっくりと頭をたれました。もはや望みはつきたように思われました。

　人々は、この苦しみから救ってくださいと、なんども神さまに祈りました。でもどうしたら、そんなことが起こるのでしょう。まるで、窓のないまっくらな牢屋にとらわれているようでした。

　みんなは、神さまが警告していた災いとは、このことだったとさとりました。けれども、それが分かったところで、どうしようもありませんでした。

この物語と関係があるよ
こちらも読んでみよう！

「悪くなっていく世界」
8ページ

「約束と警告」
58ページ

ダニエルと3人の友人

聖書のここに書かれているよ
ダニエル書 1-3章

　バビロンに連れていかれたユダ王国の人々のなかに、ダニエルという若者と、3人の友人がいました。バビロニアの王は、神さまが禁じた食べ物を、ダニエルたちに食べさせようとしました。ダニエルたちはそれに従わずに、野菜だけを食べていましたが、だれよりも健康でじょうぶに育ちました。神さまは、この4人に知恵を授けました。さらにダニエルにはとくべつな力をあたえたので、ダニエルは夢と幻の意味について、語ることができました。

　ある夜、バビロニアの王は夢を見ました。夢のなかで、王は巨大な像を見ていました。その像の頭は金、胸と腕は銀、胴体は青銅、すねは鉄、そして足の一部は鉄、一部は土からできていました。とつぜん、ひとつの石が現れて、巨大な像を打ちくだきました。そして石はみるみるうちに大きくなり、全世界をおおいつくすほどの巨大な山となったのです。

　ダニエルは王の前に進みでて、夢について解き明かしました。
「こののち、4つの大きな帝国がおこります。そのさいしょがバビロニア帝国です。4つの帝国はすべて滅びます。けれどもさいごに、神さまが新しい王国をたてます。その王国は全世界におよび、その支配は永遠につづくでしょう。」

　それからしばらくして、王は金でできた大きな像を作りました。そして、国中の人にその像を拝むように命じました。逆らう者は、燃えさかる火に投げこまれてしまいます。けれどもダニエルの3人の友人は、王の命令に従いませんでした。
「わたしたちは、主なる神さまだけを礼拝します。にせの神の像は、けっして拝みません。」

　それを聞いて、王は3人を火のなかに投げいれるように命じました。そして3人が死んだと思って、炎のなかをのぞいてみると、信じられない光景を目にしました。3人の若者は、やけどひとつせずに、元気に生きていたのです。それだけでなく、目をこらすと、はげしく燃える炎のなかに4人目の人物がいて、3人に話しかけているのが見えます。王は、神さまが3人を助けるために、天使をつかわしたのだとさとりました。そこで火のなかから出てくるように言い、3人の勇気をたたえました。

　3人は主なる神さまを心から信じていました。そのため、にせの神の像を礼拝するくらいなら、死んだほうがよいと思っていたのです。

神さまの物語 旧約編

ダニエルと怪物

それから何年もたち、バビロニアではダレイオスが新しい王になりました。ダニエルにはますます知恵がつき、新しい王はダニエルをとくべつな相談役に任命しました。ほかの側近たちは、それがねたましくてなりません。そこで、こっそりと集まって相談しました。
「王さまは、ダニエルの言うことばかり聞いて、わたしたちの言うことには耳をかさない。どうにかしてダニエルをやっつけてしまおう。」

側近たちはまず、新しい法律を作って、それを王に認めてもらいました。だれであっても、人にせよ神にせよ、王以外の者に祈ってはならないという法律です。この法律をやぶった者は、おなかをすかせたライオンの穴に、投げこまれてしまいます。つぎに、側近たちはダニエルを見はりました。そして、いつものようにダニエルが神さまに祈っているのを見るやいなや、王にうったえました。
「ダニエルはイスラエルの神を礼拝して、あなたを礼拝しようとしません。」

たくらみは成功しました。王はダニエルを助けたいと思いましたが、自分が認めた法律は守らなければなりません。そこで、人に命じてダニエルをとらえ、ライオンの穴に入れました。

つぎの日、王はライオンの穴に向かい、祈るような気持ちで呼びかけました。
「ダニエル、おまえの神さまがおまえを守ってくれただろうか。」

そこには、傷ひとつなく元気なダニエルがいました。王はダニエルを穴から引きあげると、「ダニエルの神、主なる神さまだけが、本当の神である」と、世界中に使者を送って知らせました。

ダニエルはいだいな預言者でした。神さまはダニエルに、たくさんの幻を見せました。ある幻のなかで、ダニエルは4頭のおそろしい怪物が、おそろしい言葉をさけびながら、海から上がってくるのを見ました。しかしそのとき、いだいな王が天の玉座に座っているのが見えました。この王は「日の老いたる者」といいました。つぎに、ひとりの人間が王に近づいて、その玉座のとなりに座りました。その人は「人の子」といいました。

ダニエルが見つめるなか、さいごに4頭のおそろしい怪物は殺され、「人の子」が全世界の王になりました。

聖書のここに書かれているよ
ダニエル書 5-7章

この物語と関係があるよ
こちらも読んでみよう！
「裁判にかけられる」
210ページ

救いの約束

バビロンに連れてこられたユダ王国の人々は、にどと祖国に帰れないと考えていました。そこで神さまは人々をなぐさめるために、何人もの預言者をつかわしました。

預言者たちは告げました。この罰は永遠につづくわけではありません。神さまは人々をゆるし、いつの日か、祖国に連れもどしてくれるでしょう。

預言者イザヤは告げました。いつか神さまがもどってきて、人々を助けてくれます。エルサレムに住む人は、神さまがもどってくるのをその目で見るでしょう。神さまはバビロニアの神々を打ちたおし、ご自分が本当の世界の王であると示すでしょう。

預言者エレミヤは約束しました。神さまは、人々と新たな契約を結ぶでしょう。神さまによって、人々の心は新たにされます。人々は神さまを愛し、まったく新しいやりかたで、神さまに仕えることになるでしょう。

預言者エゼキエルは告げました。神さまは、神さまの民の罪を、内側からも外側からも、洗いきよめ、民の心を入れかえるでしょう。人々は神さまを愛し、神さまに仕えるようになるでしょう。

さらにエゼキエルは、自分が見たふしぎな幻について語りました。エゼキエルは暗い谷を歩いていました。見まわすと、谷は人間の骨でいっぱいでした。あちらにも、こちらにも、あたりいちめん、白い骨が散らばっています。そのとき、声が聞こえました。「このかわいた骨は、生き返ることができるか。」

それは神さまの声でした。神さまは骨に向かって預言するよう、エゼキエルに命じました。そこでエゼキエルが、「あなたたちは生き返る」と言うと、骨が動きだしました。

骨と骨はたがいにくっつき、人間の骨格ができあがりました。骨格の上に肉が生まれ、肌がその上をおおい、髪の毛が生えました。そして、体がすべてできあがったとき、神さまの息がそのなかに入りました。すると人々は起きあがって、動きだしたのです。

この幻が終わったとき、エゼキエルは、神さまがすばらしい光景を見せてくれたのだとさとりました。いつの日か神さまの民は、死んだ人が生き返るように、新しく、強くなって、もういちど完全なものになるでしょう。神さまは、たくさんの骨の幻をとおして、そのことを教えてくれたのです。

> 聖書のここに書かれているよ
> イザヤ書 40章
> エレミヤ書 31章
> エゼキエル書 36-37章

この物語と関係があるよ こちらも読んでみよう！

「帰ってきた息子」
186ページ

「神さまの新しい契約」
268ページ

苦難のしもべ

聖書のここに書かれているよ
イザヤ書 42、49-50、52-55章

イスラエルの人々は、神さまに仕える民です。そのことを思いださせるために、神さまは預言者イザヤをつかわしました。けれども人々は神さまに背を向けて、神さまとのとくべつな契約をやぶりました。契約をやぶれば災いが起こり、約束の地を追放されると、神さまは長いあいだ警告しつづけました。

人々がバビロンに連れていかれたあとも、神さまは預言者を送ってはげましました。いつか、そう遠くない日に、神さまはもどってくるでしょう。そして人々をなぐさめ、助けだしてくれるでしょう。神さまはひとりのとくべつなしもべを送ってくれます。そのしもべは、神さまの霊に満たされているため、すべてを正し、神さまのもとに帰る道を教えることができるのです。

このしもべは、神さまの民の苦しみをともに負うため、さいしょは失敗したようにみえます。その人は、ひどい苦しみを受けて、死ぬでしょう。この世のすべての罪と悪を背負って、そのしもべは死ぬのです。その人が負った傷、苦しみ、死は、神さまの民が負わなければならなかった罰です。神さまの民のかわりに、神さまのしもべがその罰を負ってくれるのです。

けれどもそのあと、神さまはしもべに新たな命をあたえます。その人は生き返り、その人が行ったことは、神さまがずっと望んでいたことだったと、世界中の人が知るでしょう。

そのあとで、神さまはご自分の民を、もういちど受けいれます。それだけでなく、神さまはすべての人と約束を結ぼうとしています。これは新しい契約となるでしょう。地上はふたたび、エデンの園のようになります。そしてこの新しいエデンは、世界中のすべての人に開かれた場所となるのです。

この物語と関係があるよ
こちらも読んでみよう！

「ぶどう畑と農夫」
200ページ

「十字架の上で」
216ページ

神さまの物語 旧約編

エルサレムの再建

バビロンに連れていかれたユダ王国の人々は、その地で70年間暮らしました。その終わりごろ、ペルシアの王がバビロニアを征服しました。ペルシア帝国は、いたるところを支配したので、かつてユダ王国があったユダヤ地方も、ペルシアの支配下に入ることになりました。

これをきっかけに、神さまは行動を起こしました。神さまがペルシア王に命じたため、王はユダの人々、すなわちユダヤ人に、「ユダヤ地方にもどって、エルサレム神殿を再建するがよい」と告げました。

この知らせに、ユダヤ人は大喜びしました。そして、持ち物をまとめ、家族を連れて、長い道のりを歩いて、約束の地へと帰っていきました。ユダヤ地方に着くと、人々はエルサレムの周りの町や村に住みはじめました。また、一部の人々は、こわれた神殿の再建を開始しました。

けれども、すべての人が過去のできごとから学んだわけではありませんでした。あいかわらず、神さまに従わない人もいました。そこで神さまは、エズラという預言者を送りました。エズラは生涯にわたって、モーセのおきてを学んでいました。そこで、そのおきてにどのように従ったらよいか、神さまの民としてどのように暮らしたらよいか、エルサレムの人々に、熱心に伝えました。

それから何年かたって、神さまは、別の指導者をエルサレムに送りました。その人の名前はネヘミヤと言いました。ネヘミヤは人々を導いて、こわれた町の城壁を再建しました。

これらの仕事が完成したのち、ネヘミヤとエズラは人々の先頭にたって、これまで自分たちがくり返してきたすべてのあやまちについて、神さまにあやまりました。

> 聖書のここに書かれているよ
>
> エズラ記
> 1、7、10章
>
> ネヘミヤ記
> 1-3、8-9章

神さまはいつもどってくるの

聖書のここに書かれているよ

ゼカリヤ書4章

マラキ書

神殿は再建されました。それではいったいいつ、神さまはもどってくるのでしょう。

「いつになったら、神さまの栄光をもういちど見ることができるのだろう。」

人々は口々にたずねました。

「それは、力や権力ではなく、わたしの霊によって実現する。」

預言者ゼカリヤは、神さまの言葉をみんなに伝え、神さまはかならずもどってくると告げました。

けれども神殿の祭司たちは、しだいに待つのにあきてしまいました。

「神さまがもどってこないのに、わざわざ動物をささげる必要があるだろうか。」

預言者マラキは祭司たちにきっぱりと告げました。

「いつの日か、全世界が神さまを礼拝するときがきます。ですから、今はきちんと動物をささげて礼拝しなければなりません。」

マラキはまた、ユダヤの男たちに、「ユダヤ人の妻を追いだして、ほかの国から妻をむかえてはならない」と警告しました。ユダヤ人は、神さまのとくべつな民だからです。神さまは、ご自分の民のところへもどり、いっしょに住む日のために、使いを送って道を整えようとしていました。

その日のために、人々もまた、備えをする必要がありました。

この物語と関係があるよ
こちらも読んでみよう！

「洗礼を受けるイエスさま」
148ページ

「エルサレムに入る」
196ページ

希望と喜びの歌

聖書のここに書かれているよ
詩編 84編

この詩では、神さまの民のひとりが、いつかまた、神殿で神さまを礼拝できる日のことを、喜びをもって待ち望んでいます。

主よ　あなたの住まいを　愛します
あなたの神殿は　わたしたちの喜び
あなたとともにあることは　わたしたちの願い

幸せな小鳥たちは　あなたの庭に
あなたのそばに　巣を作ります
あなたの祭壇のかたわらで
卵を産み　ひなを育てます

詩人はあなたの名前を　喜んでほめたたえ
日々あなたを　賛美します
巡礼たちも　長い旅路のあいだ
いつもあなたを　思います

ああ主よ　どうかともにいてください
わたしたちの王を　祝福してください
なににもまして　わたしは
あなたの家で　あなたに仕えたい

主よ　あなたは太陽　あなたは盾
必要なものを　すべてあたえてくださる
あなたのそばにいることは　大きな恵み
あなたの豊かな愛に　支えられて

この物語と関係があるよ
こちらも読んでみよう！

「すばらしい神殿」
92ページ

ユダヤ人を救ったエステル

聖書のここに書かれているよ
エステル記 1－8章

ペルシア王は新しい妃をむかえようと思いました。国中から美しいむすめが集められ、そのなかから、エステルが王妃に選ばれました。エステルはエルサレムから連れてこられたユダヤ人の子孫です。両親はすでに死んでいましたが、親戚のモルデカイに育てられました。

あるときモルデカイは、ペルシア王の暗殺をくわだてる男たちの話を耳にしました。モルデカイがそのことをエステルに伝え、エステルが王に伝えたため、暗殺は失敗しました。

ところで、大臣のハマンは、ユダヤ人をきらっていました。そこで、ユダヤ人をみな殺しにしようとたくらみ、まずはモルデカイを殺そうと考えました。エステルはなやみました。ハマンがモルデカイを殺そうと、たくらんでいることを知っていたからです。けれどもエステルに、なにができるでしょう。どうしたら、モルデカイやユダヤ人を守ることができるでしょう。

エステルはまず、親しい人たちに、祈ってほしいとお願いしました。

その夜、ペルシア王は眠れなかったので、自分の治世にこれまで起こったできごとを読みきかせるよう、家来に命じました。家来の話を聞くうちに、王はモルデカイが暗殺のくわだてを知らせ、王の命を救ってくれたことを、思いだしました。

つぎの日、エステルはハマンを、王の宮殿の食事にとくべつに招待しました。食事の席には、王とエステルとハマンだけが座っていました。王と王妃に囲まれて、ハマンはごきげんでした。ところが食事が終わるころになって、エステルが王に告げました。

「ハマンはあなたにかくれて、わたしとわたしの民を殺そうとしています。」

王の顔はいかりでまっかになり、ハマンはふるえあがりました。ハマンはエステルがユダヤ人だということを知らなかったのです。

王はいすからとびあがると、いかりにまかせて、宮殿から出ていきました。ハマンはおそろしさのあまり、まっさおになりました。

王はモルデカイのかわりに、ハマンを殺すよう命じました。そして国中に、「ユダヤ人は、武器を取って、敵から身を守ることを許す」というおふれを出しました。

神さまの物語 旧約編

ヨナと大きな魚

聖書のここに書かれているよ
ヨナ書

むかし、あるところにヨナという預言者がいました。ある日、神さまはヨナに言いました。
「アッシリアの首都、ニネベに行きなさい。」
ニネベの人々に、神さまがおこっていると警告することが、ヨナの役目でした。けれどもヨナは、ニネベに行きたくありませんでした。アッシリアはイスラエルの敵だったからです。そこで、ヨナはニネベとは別の場所に向かう船に乗りこみました。
ところが、船が港を出てしばらくすると、強い風が吹きはじめました。風はどんどん強くなり、とうとう大嵐になりました。水夫たちはけんめいに努力しましたが、船は今にもしずみそうです。
そのときヨナが言いました。
「この嵐はわたしのせいです。わたしが神さまからにげようとしたせいです。わたしを海に投げこみなさい。そうすれば嵐はおさまるでしょう。」
そのとおりになりました。水夫たちがヨナを海に投げこむと、嵐はぴたりとおさまりました。
海に投げだされたヨナを救うため、神さまは大きな魚を送りました。魚は近づいてきて、ヨナをぱくりとのみこみました。ヨナは魚のおなかのなかで、三日三晩すごしました。そのあいだ、「助けてください」と神さまに祈りつづけたため、ついに魚はヨナを陸地へとはきだしました。
神さまはもういちど、ヨナにニネベに行くよう命じました。そしてこんどは、ヨナもその言葉に従いました。
ヨナはニネベに行き、町の通りを歩きながら、呼びかけました。
「悪い行いをやめなさい。さもないと、神さまがこの町をほろぼすだろう。」
これを聞いて、ニネベの人は悪い行いをやめ、神さまにゆるしをこいました。それを見て、神さまは、ニネベをほろぼさないことに決めました。けれどもヨナは、そのことに腹をたてました。ニネベの町などほろべばよいと、思っていたからです。そこで丘に登り、木かげに座って、町がどうなるか見ることにしました。
神さまは自分の気持ちを、ヨナに分かってもらいたいと思いました。そこで虫を送って、木を食べさせたので、木はすぐにかれてしまいました。木かげがなくなり、太陽の光と熱が、ようしゃなく降りそそぎます。ヨナはさらに、いかりをつのらせました。
神さまは言いました。
「ヨナよ、あなたはたった1本の木を失ったことを、おしんでいるのか。それならば、この町のたくさんの人の命をおしむ、わたしの気持ちも分かるだろう。」

神さまの物語 旧約編

新しい世界の約束

聖書のここに書かれているよ
イザヤ書 11、35、55、65章

ここでは、預言者イザヤが見た、すばらしい幻を紹介します。神さまの新しい世界の幻です。

主なる神さまは、新たな、かしこい王を送ってくれます。その王のもとで、世界中のすべての悪は正されます。王は貧しい人や、苦しめられ、傷ついている人を救いだします。

野のけものはおとなしくなり、危険なけものも、おだやかになります。すべてのけものは平和のうちにいっしょに暮らし、小さな子どもたちが世話をします。

荒れ野には、美しい花々がさきみだれます。目の見えない者は見えるようになり、耳の聞こえない者は聞こえるようになり、足が動かない者も、喜びのあまりおどりだします。

神さまの民は約束の地にもどり、平和のうちに暮らすでしょう。

そうです。神さまは新しい天と新しい地をつくるのです。主なる神さまの栄光は、海に水が満ちるように、この新たな世界に満ちあふれます。

世界中のすべての人が、大きな宴会に招かれます。

世界のはじまりのときと同じように、神さまは言葉を発し、すべてはそのとおりになるのです。

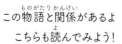
この物語と関係があるよ
こちらも読んでみよう！

「エデンの園」
4ページ

「新しい天と新しい地」
280ページ

神さまの物語 旧約編

王のなかの王をたたえる

聖書のここに書かれているよ
詩編72編

　いつの日か、神さまが選んだ王が全世界に正義と平和をもたらし、神さまの栄光が全地をおおいます。これは、その日を待ち望む詩です。

主よ　王に正義をさずけてください
正しい裁きが　できるように
公平に　判断できるように
その力で　貧しい者を守れるように

川がとうとうと　流れるように
高い山の上から　平和を送ってください
正義が　全地に満ちあふれ
不当な苦しみが　終わりますように

海から海まで　王の支配は広がり
遠い国々の王たちは　おくりものをたずさえて来るでしょう
王の敵は　ひれふし
貧しい者たちは　王への賛美を歌うでしょう

主をたたえましょう　イスラエルの神を
正義と平和をもたらすのは　神さまだけ
その栄光は　全地にあふれ
みなが　王のなかの王をあがめます

この物語と関係があるよ
こちらも読んでみよう！

「星に導かれて」
144ページ

「神さまの王国の訪れ」
152ページ

2部
神さまの物語
新約編

ザカリアと天使

聖書のここに書かれているよ
ルカによる福音書 1章

　むかしユダヤの国に、ザカリアという祭司がいました。ザカリアと妻のエリサベトには子どもがなく、長いあいだ、ふたりは子どもが欲しいと祈ってきましたが、今ではもう年をとりすぎていました。

　ある日のこと、ザカリアがエルサレムの神殿でおつとめをしていると、とつぜん天使が現れました。おびえて後ずさろうとするザカリアに、天使は言いました。

「おそれることはありません。神さまはあなたの祈りを聞きとどけました。あなたの妻エリサベトは男の子を生むでしょう。その子をヨハネと名づけなさい。その子は、神さまの霊に満たされて、いだいな預言者となり、人々を神さまのもとへと連れもどします。」

「どうしてそのようなことがありえましょう。」ザカリアは思わずさけびました。「エリサベトもわたしも、もう年をとりすぎています。」

　天使は言いました。

「わたしはガブリエル、神さまの前に立つ者です。あなたはわたしの言葉を信じませんでした。今から子どもが生まれるまで、あなたは口がきけなくなるでしょう。」

　その言葉とともに、天使は消えました。そしてザカリアの声も、失われたのです。

　それからしばらくして、エリサベトが言いました。

「わたしたちは、赤ちゃんを授かりました。」

　ザカリアの顔が喜びでぱっとかがやきました。けれどもまだ、口はきけないままでした。

　その年が終わるころ、エリサベトに男の赤ちゃんが生まれました。友だちや親戚が、お祝いをするために集まってきました。みんなは、この赤ちゃんがとくべつな子どもだと知っていて、なんという名前にするのか、しきりに聞きたがります。

　ザカリアは文字を書くための板を手に取りました。あたりはしんと静まって、みんながかたずをのんで、ザカリアの手もとを見つめています。ザカリアは板の上に「名前はヨハネ」と書きました。そのとたん、ふたたびザカリアは口がきけるようになりました。そして、神さまをたたえる歌を歌いだしたのです。みんなは笑顔になって、赤ちゃんの誕生をいわいました。

この物語と関係があるよ
こちらも読んでみよう！

「**ハンナとサムエル**」
70ページ

神さまの物語 新約編

天使の知らせ

聖書のここに書かれているよ
ルカによる福音書 1章

　神殿のザカリアのもとを訪れたあと、天使ガブリエルは、ふたたび神さまにつかわされて、ナザレという町の小さな家を訪れました。ナザレは、エルサレムよりもはるか北にある、ガリラヤ地方の町です。ガブリエルはマリアという若い女の人に、とくべつな知らせを伝えにきたのです。マリアはエリサベトのいとこで、もうすぐヨセフという人と結婚することになっていました。このヨセフは、ダビデ王の子孫でした。

　ガブリエルがマリアに告げようとしている知らせは、マリアの人生を大きく変えるものでした。それどころか、この知らせは、全世界を永遠に変えることになるのです。

　天使を見て、マリアはおどろきました。ガブリエルは言いました。
「おそれることはありません。神さまがあなたとともにいます。あなたは赤ちゃんを生むでしょう。その子をイエスと名づけなさい。その子はイスラエルの王となり、その王国は永遠につづくでしょう。」

「どうして、そのようなことがありえましょう。」マリアはたずねました。「わたしはまだ結婚もしていません。」

「神さまの聖なる霊があなたに降るからです。その子どもは神さまの子です。神さまにできないことはありません。その証拠に、あなたのいとこのエリサベトは老人なのに、赤ちゃんを身ごもっています。」

　マリアは頭を下げました。
「わたしは神さまのしもべです。お言葉どおりに、なりますように。」

　ガブリエルが去ったあと、マリアはエリサベトを訪ねることにしました。家の近くまで来たとき、エリサベトがむかえに出てきました。マリアとエリサベトは大喜びでだきあいました。ふたりの胸はうれしくて、どきどきしています。マリアは神さまに感謝の歌をささげました。それは、とても美しい歌でした。

　マリアは3か月のあいだエリサベトといっしょに暮らし、それからナザレへ帰っていきました。

この物語と関係があるよ
こちらも読んでみよう！

「神さまのとくべつな契約」
18ページ

神さまの物語 新約編

イエスさまの誕生

聖書のここに書かれているよ
ルカによる福音書 2章

　そのむかし、ユダヤは、ローマの皇帝が支配する、広い帝国の一部でした。ユダヤにも王はいましたが、ローマの皇帝の命令に逆らうことはできませんでした。

　そのころ、「帝国に住むすべての人の数を調べよ」という命令が、ローマ皇帝から出ました。マリアとヨセフも、ヨセフの故郷であるベツレヘムへ行かなければなりませんでした。そこで、ふたりは荷物をまとめて、南に向かって出発しました。ところが、ベツレヘムに着いたとき、宿屋はすべていっぱいで、とまる部屋がみつかりません。

　ふたりは、とほうにくれました。マリアのおなかには赤ちゃんがいて、もう今にも生まれそうです。なんとかして、とまる場所をみつけなくてはなりません。ようやく、家畜を飼う小屋に、とめてもらえることになりました。その夜、マリアは男の子を産みました。マリアは赤ちゃんにお乳をあげたあと、布に包んで、飼い葉おけのなかにそっとねかせました。

　ちょうどそのころ、町の外の丘の上で、羊飼いたちが羊の番をしていました。暗く静かな夜でした。とつぜん、ひとりの天使が現れ、神さまの栄光があたりをまばゆくてらしました。

　羊飼いたちがおどろいていると、天使が告げました。

「おそれることはありません。あなたたちに良い知らせがあります。今日、神さまがつかわした本当の王が、ベツレヘムに生まれました。あなたたちは、その子が布に包まって、飼い葉おけのなかに眠っているのを見るでしょう。」

　すると、夜空に数えきれないほどの天使が現れて、いっせいに神さまを賛美しました。

　天使が去ったのち、羊飼いたちはいそいでベツレヘムに向かい、生まれたばかりの赤ちゃんを探しあてました。天使が告げたとおり、赤ちゃんは飼い葉おけのなかで、すやすや眠っています。羊飼いたちは大喜びで、自分たちが見聞きしたことを人々に語りました。そして、マリアはこれらのことを、すべて心にとどめておきました。

この物語と関係があるよ
こちらも読んでみよう！

「ダビデへの約束」
82ページ

神さまの物語 新約編

星に導かれて

聖書のここに書かれているよ

マタイによる福音書 2章

　遠い遠い東の国に、星を研究している博士たちがいました。あるとき星が、新しい王が生まれたと告げました。博士たちはその王に会いたいと思って、らくだに乗って旅立ちました。夜空にひときわ明るくかがやく星に導かれて、博士たちはエルサレムにやってきました。エルサレムにはりっぱな宮殿があり、宮殿にはユダヤの王が住んでいました。王の名前はヘロデといいました。

「わたしたちは、新しい王さまに会いにきました。」

　博士たちが告げると、ヘロデはおそれをいだきました。

「どういうことだ。ユダヤの王は、わたしだけではないのか。」

　すると、家来のひとりが言いました。「王さま、古い預言にこう書かれています。『人々が待ち望む王はエルサレムではなく、ダビデの町ベツレヘムに生まれる』」。

　ヘロデは、博士たちをそばに呼んで言いました。「よし分かった。行って、その王を探すがよい。ただし、もどってきて、その王の居場所をわたしにも知らせてくれ。」

　その目は悪意に満ちていました。

　博士たちはふたたび、らくだにまたがると、ベツレヘムへと出発しました。あのかがやく星が先だって進み、一軒の家の上で止まりました。博士たちは喜びました。ここに新しい王がいるのです。家に入ると、なかには、マリアとヨセフと赤ちゃんのイエスさまがいました。博士たちはひざまずいて赤ちゃんを拝み、3つのとくべつなおくりものをしました。東の国から持ってきた、黄金、乳香、没薬です。

　それからまもなく、博士たちは国に帰っていきました。しかし、帰りはヘロデには会わずに、別の道を通りました。ヘロデがイエスさまを殺そうとしていると、神さまが夢で告げたからです。しばらくたって、ヘロデは博士たちがもどってこないことに気がつきました。けれども、おそすぎました。イエスさまはとっくに、手の届かないところへ、にげてしまっていたのです。

　博士たちが帰ったあと、神さまはヨセフに、マリアとイエスさまを連れてエジプトへ行くように告げました。3人はヘロデが死ぬまでエジプトにとどまり、もう安全だという知らせを聞いたのち、自分たちの国にもどっていきました。

この物語と関係があるよ
こちらも読んでみよう！

「王のなかの王をたたえる」
134 ページ

神さまの物語 新約編

144

子どものころのイエスさま

聖書のここに書かれているよ
ルカによる福音書 2章

マリアとヨセフはガリラヤにもどってくることができて、幸せでした。ヨセフは大工でした。イエスさまも大きくなると、父親の仕事を手伝いました。そのころ、ローマ人が近くに新しい町をたてていたので、ヨセフはいつも、いそがしく働いていました。

毎年、ヨセフは家族を連れて、エルサレムに行きました。これはとくべつな旅でした。各地から集まるおおぜいの人といっしょに、エルサレムで過越の祭りを祝うのです。過越は、エジプトでどれいだったイスラエルの民を、神さまが助けだしてくれたことを記念するお祭りです。そして、いつの日か、ふたたび神さまが助けてくれることを、思いだす日でもありました。

12さいになったとき、イエスさまは過越の祭りを祝うために、両親といっしょにエルサレムに向かいました。にぎやかなお祭りが終わり、みんなはこぞって家路につきました。マリアとヨセフは、自分たちの息子も、ほかの子どもたちといっしょに旅の一行のなかにいると思っていました。ところが、イエスさまはそのなかにいなかったのです。しばらくして、ふたりは息子がいないことに気がつきました。

「イエス、どこにいるの。」

名前を呼んでさがしましたが、返事がありません。

ふたりはあわてて、エルサレムまでもどりました。あちこちさがしまわって、家々の戸をたたいては、息子を見なかったかたずねました。3日のあいだ、ひっしにさがしまわったすえ、ついにふたりはイエスさまをみつけました。イエスさまは神殿で、えらい学者たちに囲まれて、話を聞いたり、質問したりしていたのです。

ふたりはとても心配していたので、マリアは目になみだをためてたずねました。

「どうしてこんなことをしたのです。」

するとイエスさまはふしぎそうに答えました。

「ぼくがお父さんの家にいると、どうして思わなかったの。」

マリアとヨセフは思わず顔を見あわせました。息子がなにを言っているのか、分からなかったからです。けれども、とにかくイエスさまはぶじでした。心からほっとして、ヨセフは言いました。

「さあおいで、家に帰ろう。」

神さまの物語 新約編

洗礼を受けるイエスさま

聖書のここに書かれているよ
マタイによる福音書3章

それから何年もたって、大人になったイエスさまは、ガリラヤ地方から南のユダヤ地方へ旅に出ました。イエスさまは、親戚のヨハネがりっぱな預言者になったという、うわさを聞いたのです。人々はヨハネを「洗礼者ヨハネ」と呼んでいました。

神さまがもどってきて、人々を救うためには、人々もまた、ふさわしい行いをすることが必要です。ヨハネは、「神さまがもどってくるための準備をしなさい。自分勝手で罪深い生きかたをやめ、神さまの道に従いなさい」と人々に教えていました。そして、人々を荒れ野に連れていき、ひとりずつヨルダン川の水にひたしました。（水にひたすということは、洗礼を授けることです。このために、ヨハネは「洗礼者ヨハネ」と呼ばれました。）

ヨハネが水から引きあげるたびに、その人の罪が洗いながされます。そして、人々は神さまがエジプトから救いだしてくれたことを思いだすのです。

ヨハネは告げました。
「わたしはあなたたちに水で洗礼を授けていますが、わたしよりもっと力のある人が来ます。その人は、神さまの霊と火によって、洗礼を授けるでしょう。」

人々は「いったいその人はだれだろう」とふしぎに思いました。

ある日のこと、ヨハネがいつものように教えていると、イエスさまがやってきました。イエスさまは、ヨハネから洗礼を受けたいと思っていたのです。

ヨハネはおどろきました。
「なにを言うのですか。わたしのほうこそ、あなたから洗礼を受けたいのに。」

けれどもイエスさまは言いました。
「今は洗礼を受けさせてください。」

そこで、ヨハネはイエスさまを川の水にひたしました。イエスさまが水から上がると、とつぜん、神さまの天の世界が開けました。人々がおどろいて見あげていると、神さまの霊が、はとのように降ってきて、イエスさまの上にとどまりました。

そのとき、天から声が聞こえてきました。
「あなたはわたしの子、わたしの愛する者、わたしの喜びである。」

この物語と関係があるよ
こちらも読んでみよう！

「海をわたる」
40ページ

神さまの物語 新約編

悪魔のゆうわく

聖書のここに書かれているよ
マタイによる福音書 4章

　ヨハネから洗礼を受けたあと、イエスさまは神さまの霊に導かれて、荒れ野に入っていきました。そこで四十日四十夜、なにも食べずに過ごしました。イエスさまはつかれて、とてもおなかがすいていました。そのとき、声が聞こえてきました。それは、耳に心地良い、さそうような声でした。

「もしあなたが神さまの子なら、」その声はささやきました。「この石に、パンになるように命じなさい。」

　イエスさまは首をふりました。

「生きるためには、パンだけではなく神さまの言葉も必要だと、聖書に書いてあります。」

　声の主は悪魔でした。悪魔はふたたび、ささやきました。

「もしあなたが、ほんとうに神さまの子なら、神殿の高い塔から飛びおりたらどうですか。天使があなたを救ってくれるでしょう。そうすれば、あなたが神さまに守られていると、だれもが認めてくれますよ。」

「それはちがう。」イエスさまは言いました。「聖書には、神さまを試してはならないと書いてあります。」

　さいごに悪魔は、世界中のすばらしい王国をイエスさまに見せました。

「ごらんなさい、これらの王国が欲しくはないですか。ひれふして、わたしを拝むなら、すべてあなたにあげましょう。」

「立ち去れ！」とイエスさまは言いました。「聖書には、神さまを礼拝しなさい、神さまだけに仕えなさいと書いてある。」

　イエスさまは、悪魔のゆうわくに打ち勝ちました。そのあとガリラヤにもどり、「ときがきました。ついに神さまが王となるのです」と人々に語りはじめました。

この物語と関係があるよ
こちらも読んでみよう！

「悪くなっていく世界」
8ページ

「約束と警告」
58ページ

神さまの物語 新約編

神さまの王国の訪れ

聖書のここに書かれているよ
ルカによる福音書 4章

ガリラヤのイエスさまのもとには、病に苦しむおおぜいの人々が会いにきました。イエスさまはその人たちをいとおしく思い、神さまの力で病気をいやし、神さまの王国について教えました。

あるとき、イエスさまは生まれ故郷のナザレを訪れました。そして、会堂に入っていきました。会堂とは、人々が集まって神さまを礼拝し、聖書を朗読するための建物です。聖書朗読の時間になると、イエスさまは前に出て、預言者イザヤの言葉を読みはじめました。

主の霊がわたしに降った。
貧しい人に良い知らせを伝えるために。
とらわれている人は自由になり、目の見えない人は見えるようになり、
つらい目にあっている人は、解放される。

イエスさまは、「この言葉は今日、実現しました」と言って、「良い知らせ」について語りはじめました。けれども人々は、イエスさまの言葉に、まゆをひそめました。神さまがすべての人々に良いことをするというのは、ほんとうでしょうか。たとえユダヤ人の敵であっても、病気を治したり解放したりするのでしょうか。

イエスさまは言いました。
「神さまは、神さまの民だけを気にかけているわけではありません。エリシャの時代に、イスラエルには多くの病人がいたのに、神さまはエリシャをつかわしませんでした。神さまが病気をいやしたのは、敵の将軍のナアマンだけです。」

それを聞いて、会堂にいた人たちは腹をたて、イエスさまにつかみかかって、殺そうとしました。けれどもイエスさまは、静かにその場を立ち去りました。それからガリラヤ湖の近くのカファルナウムという町に行き、そこで暮らしはじめました。イエスさまはカファルナウムで人々に教え、病人をいやしたので、多くの人々がイエスさまに会いにやってきました。

この物語と関係があるよ
こちらも読んでみよう！

「王のなかの王をたたえる」
134ページ

神さまの物語 新約編

152

12人の弟子を選ぶ

聖書のここに書かれているよ
マタイによる福音書 4、19章

　ある日のこと、イエスさまがガリラヤ湖のほとりを歩いていると、ふたりの漁師が湖で魚をとっていました。ふたりは兄弟で、ペトロとアンデレといいました。
　イエスさまはふたりを呼んで、言いました。
「わたしに従ってきなさい。あなたたちを、人間をとる漁師にしてあげよう。」
　すぐにふたりは漁をやめて、イエスさまに従いました。イエスさまはさらに歩いて、ほかにふたりの漁師をみつけました。このふたりも兄弟で、ヤコブとヨハネといいました。ふたりは舟のなかに座って、あみの手入れをしていました。このふたりも、イエスさまに呼ばれると、すぐに仕事をやめて従いました。
　多くの人々が、イエスさまについていきたいと願いました。けれどもイエスさまは、とくべつに12人だけを選びました。なかでもとくに親しかったのが、ペトロとヤコブとヨハネです。このとくべつに選ばれた人たちは、「十二弟子」と呼ばれました。弟子とは、すべてにおいて、先生をお手本にし、先生の言葉や行動を理解するために、一生をささげる人のことです。
　イエスさまが、11人でも13人でもなく、12人の弟子を選んだのにはわけがありました。むかし、イスラエルは12の部族がまとまって、ひとつの国になりました。けれどもそのあと、ほかの国にせめられて、人々は遠い外国へ連れていかれました。あとになって、もどってきた人たちもいましたが、ふたたび12の部族がひとつの国にまとまることはありませんでした。ですからイエスさまは12人の弟子を選んで、神さまが新しい方法で、もういちどイスラエルをまとめようとしていると、人々に伝えようとしたのです。
　イエスさまは言いました。
「神さまの新しい世界では、わたしに従ったあなたたちは、12のりっぱないすに座り、イスラエルの12の部族を治めることになるでしょう。」

神さまの物語 新約編

水をワインに変える

聖書のここに書かれているよ
ヨハネによる福音書 2章

あるとき、イエスさまと母のマリアは、結婚のお祝いに招かれました。弟子たちもいっしょに行きました。お祝いの会はなごやかに進み、みんなは楽しそうに笑っています。召し使いたちはいそがしそうに、食べ物や飲み物を配っています。そのとき、召し使いのひとりが、ワインがなくなりそうなことに気がつきました。

マリアはイエスさまをみつけて、ささやきました。

「もうワインがないそうよ。」

「お母さん、いったいわたしに、どうしろというのですか。」

イエスさまが答えると、マリアはイエスさまをちらりと見ました。そして召し使いをつかまえると、イエスさまの言うことには、すべて従うように告げました。

その場には、大きな石のかめが6つ置いてありました。

「このかめに、水をいっぱい入れなさい。」

イエスさまは召し使いたちに命じると、そのかめの水をコップに注いで、会の世話をしている人のところへ持っていくように、言いました。

その人は、召し使いからコップを受けとり、ひと口飲んでおどろきました。

「これはどうしたことだ。もうワインはなくなったと思っていたのに。」

その人は、どうしてとつぜんワインが増えたのか、分かりませんでした。けれども、この新しいワインが、これまでに飲んだどのワインよりも、おいしいということは分かりました。そこで、花むこを呼んで、新しいワインの味見をさせました。

花むこも、ひと口飲んでおどろきました。ワインがあまりにおいしくて、自分の舌が信じられません。

会の世話をしている人は言いました。

「どうにも分かりません。ふつうは、さいしょに、いちばん良いワインをふるまうものです。安いワインは、みんなが酔って、味を気にしなくなってから出すものです。それなのに、あなたはこんなにおいしいワインを、さいごに取っておくなんて。」

その場にいた人々はみんな、このできごとにおどろきました。イエスさまは、神さまの力と栄光がどのように実現するのか、この奇跡をとおして、人々に教えようとしたのです。

神さまの物語 新約編

体の動かない人をいやす

聖書のここに書かれているよ
ルカによる福音書 5章

　ある日のこと、イエスさまの教えを聞くために、おおぜいの人が一軒の家に集まっていました。そこに4人の人が、病気で体が動かない友人を連れてやってきました。この人は歩くことができないため、板に乗せて運んできたのです。
　4人はイエスさまを探して、あたりを見まわしました。友だちの病気をいやしてほしいと思って連れてきたものの、おおぜいの人がつめかけているため、どうにも家に入れません。けれども、すぐに良い考えがうかびました。4人は家の屋根に上がると、板ごと友人を引きあげました。
　家のなかでは、人々がぎゅうぎゅうに身を寄せあって、イエスさまの話を聞いていました。と、そのとき、だれかが言いました。
「あの音はなんだろう。」
　みんな動きを止めて、天井を見あげました。すると、天井に穴が開いていて、4つの顔がのぞいているではありませんか。みんながおどろいて見あげていると、上から声が聞こえてきました。
「イエスさまがいるよ。はやく下ろそう。」
　イエスさまは4人の考えをすぐに察しました。そしてこの4人が、イエスさまが治してくれると信じて、友人を連れてきたことも分かりました。そこで病人が部屋につり下ろされたとき、イエスさまは言いました。
「若者よ、あなたの罪はゆるされました。」
　人々はおどろいて、ささやきあいました。
「罪をゆるすことができるのは、神さまだけではないか。」
「そのために神殿があるんじゃないのか。」
「分かった」とイエスさまは言いました。「では、『起きて歩きなさい』と言うことにしましょう。そうすれば、人の子には罪をゆるす神さまの力があるということが、あなたたちにも分かるでしょう。」
　そしてイエスさまは、「起きて、板をかついで、帰りなさい」と言いました。
　人々はイエスさまを見て、信じられないというように頭をふりました。けれども、すばらしいことが起きました。体が動かなかった人が、動けるようになったのです。その人は、イエスさまの言葉どおりに、起きあがって板をかついで歩きだしました。人々はおどろいて、イエスさまを見ました。イエスさまは静かにほほえんでいます。だれもが喜びの声を上げ、神さまを賛美しました。

神さまの物語 新約編

安息日はなんのため

聖書のここに書かれているよ
マタイによる福音書 12章

　ユダヤの人々は、週の7日目には仕事をやめて休むという決まりを、きびしく守っていました。このとくべつな日は「安息日」と呼ばれていました。安息日は、いつの日か神さまがこの世にすばらしい休みをもたらしてくれるというしるしです。そのせいだいな祝いのときは、永遠につづきます。神さまの治める世界には、愛といやしが満ちあふれることでしょう。イエスさまは、この神さまの世界がすでにはじまっていると知っていました。そこで、たびたび、安息日に人々をいやしました。

　ある安息日に、イエスさまは弟子たちといっしょに麦畑のあいだを歩いていました。弟子たちはおなかがすいていたので、畑の麦の穂を少しつまんで食べはじめました。すると、モーセの法律の学者たちがそれを見て、イエスさまに言いました。
「ごらんなさい。あなたの弟子たちは、安息日にしてはいけないことをしています。」
　イエスさまはおちついて答えました。
「あなたたちは、おなかがすいたときに、ダビデとその家来がなにをしたのか知らないのですか。聖書に書いてあります。ダビデたちは、神さまの神殿に入って、祭司しか食べられないはずの、神聖なパンを食べました。しかし、今ここには、神殿よりもいだいな人がいます。」
　イエスさまはその場にいる人々を見まわし、宣言しました。
「安息日は人間のためにつくられました。人間が安息日のためにつくられたのではありません。ですから、人の子は安息日よりえらいのです。」
　このイエスさまの言葉に、腹をたてた人もいました。とくに、モーセの法律の学者たちは、ユダヤ人の習慣をめちゃくちゃにすると思い、イエスさまをきらいました。

この物語と関係があるよ
こちらも読んでみよう！

「祝日とヨベルの年」
52 ページ

神さまの物語 新約編

山上の教え

聖書のここに書かれているよ
マタイによる福音書 5-7章

イエスさまは弟子たちを山の上に連れていき、神さまの王国について話しはじめました。

心の貧しい人は幸せです。神さまの王国はあなたたちのものです。
なげき悲しむ人は幸せです。あなたたちはなぐさめられます。
自分を低くする人は幸せです。この地はあなたたちのものです。
神さまの正義にうえ、かわいている人は幸せです。あなたたちは満たされます。
親切であわれみ深い人は幸せです。あなたたちは親切とあわれみを受けるでしょう。
心が清い人は幸せです。あなたたちは神さまを見るでしょう。
平和をつくる人は幸せです。あなたたちは神さまの子です。

イエスさまは、従ってくる人々に、神さまはすべての人を愛していると教えました。ですから神さまの民もまた、すべての人を愛さなければなりません。神さまが人々をゆるしたいと思っているように、わたしたちも他人をゆるさなければなりません。神さまは愛情深い父親と話すように、ご自分と話してほしいと望んでいます。そして、すべてを神さまにゆだねなければなりません。

イエスさまはまた、どのように祈ったらよいか教えてくれました。
「天にいるお父さま、あなたの名がたたえられますように。あなたの王国がきますように。天と同じく地上でも、あなたの考えたとおりになりますように。日々の食べ物をあたえてください。わたしたちに悪いことをした人々を、わたしたちがゆるすように、わたしたちの悪い行いをゆるしてください。わたしたちをゆうわくにあわせず、悪から救ってください。」

イエスさまはこれらの教えを述べたあと、さいごに言いました。
「わたしの教えに従うということは、岩の上に家を建てるようなものです。土台がしっかりしているので、その家はたおれません。けれども、そのほかの生きかたは、砂の上に家を建てるようなものです。もし風が吹いて、雨が降れば、砂の上の家はかんたんにたおれて、押しながされてしまうでしょう。」

この物語と関係があるよ
こちらも読んでみよう！

「神さまの山の上で」
44 ページ

「神さまは愛です」
274 ページ

神さまの物語 新約編

少女をいやす

　ある日、イエスさまがおおぜいの人々の前で話していると、ひとりの人がかけよってきました。その人の名はヤイロといい、その町の会堂の長でした。
「どうか、お願いします。ぜひわたしといっしょに来て、娘を治してください。娘が今にも死にそうなのです。」
　イエスさまがヤイロといっしょに歩きだしたので、人々もそのあとについていきました。そのとちゅう、人々のあいだをぬって、こっそりとイエスさまに近づいてくる女の人がいました。この人は、長いあいだ重い病気に苦しんでいて、なんとかして治してほしいと思っていたのです。そこで、イエスさまのそばまで来ると、手をのばして、その服のすそにさわりました。するとたちまち、病気が治りました。
　イエスさまもそのことに気づいて、ふりかえりました。
「わたしにふれたのはだれか。」
「わたしです。」目に喜びのなみだをたたえて、女の人はイエスさまを見あげました。
　イエスさまは、ほほえみました。「あなたの信仰が、あなたの病気を治しました。」
　ヤイロの家の近くまで来たとき、なかから人が出てきました。
「おそすぎました。おじょうさんは、たった今なくなりました。」
　ヤイロはイエスさまを見ました。
「おそれずに、ただ信じなさい。」イエスさまは言いました。
　家のなかは、なげき悲しむ人でいっぱいでした。
「娘は死んではいない。ただ眠っているだけです。」
　イエスさまがそう言うと、人々はあざわらいました。けれどもイエスさまは、人々を家の外に出し、少女の父と母と3人の弟子だけを連れて、なかに入りました。そして静かに、少女に近づいていきました。少女はぴくりともせずに、横たわっています。イエスさまはやさしく少女の手を取ると、ささやきました。
「さあ、起きなさい。」
　すると、少女が起きあがりました。イエスさまは、「なにか食べさせてあげなさい」と両親に言ったあと、このことは、だれにもしゃべってはいけないと命じました。

聖書のここに書かれているよ
マタイによる福音書 9章

この物語と関係があるよ こちらも読んでみよう！

「生き返ったラザロ」
192ページ

種をまく人のたとえ

聖書のここに書かれているよ

マタイによる福音書 13章

　イエスさまは、神さまの王国がどのように実現するのか、人々に分かってもらいたいと思いました。むかしの預言者たちは、やがて新たな収穫の日がくると告げていました。神さまが新しい種をまき、神さまの民は信仰を新たにされて、ふたたび強く、すこやかに成長するのです。そこで、イエスさまはこんな話をはじめました。

　ある農夫が種をまきに畑に行きました。まいているうちに、ある種は道ばたに落ちました。すると鳥がまいおりてきて、種を食べてしまいました。
　別の種は、ごつごつした岩場に落ちました。この種は芽を出すことはできましたが、根を張ることができなかったので、やがてしおれて、かれてしまいました。
　また、いばらが生えている場所に落ちた種もありました。この種は芽を出して育ちましたが、いばらが生いしげって、種の成長を止めてしまいました。
　けれども良い土の上に落ちた種は、すくすくと力強く成長しました。そしてたくさんの実を結び、豊かな収穫をもたらしたのです。

　イエスさまは人々を見まわしました。みんなはぽかんとした顔をしています。イエスさまは、わざと分かりにくく、たとえを使って話しました。この物語がなにを言っているのか、みんなに考えてほしかったからです。
　イエスさまは言いました。
「もし耳があるなら、よく聞きなさい。」
　イエスさまは、「神さまがかつて約束したことを実行しはじめた」と語っているのです。けれども、その約束はすべての人に幸せをもたらすものではありません。良い畑に落ちた種のように、イエスさまをとおして、神さまの言うことをよく聞き、神さまのすることをよく見るなら、その人は強くすこやかに成長し、豊かな実りを結ぶことができるのです。

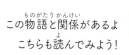
この物語と関係があるよ
こちらも読んでみよう!

「新しい世界の約束」
132 ページ

神さまの物語 新約編

イエスさまとサマリアの女

　イエスさまと弟子たちは、長い旅をしていました。南のユダヤ地方から、北のガリラヤ地方へ向かう旅です。その旅のとちゅう、サマリア人の住む地方を通ったときのことです。イエスさまはつかれて、すこし休みたいと思いました。ちょうど昼どきで、暑い太陽が照りつけています。弟子たちは近くの町へ食べ物を探しに行きましたが、イエスさまはひとり残って、井戸のそばに座っていました。しばらくして、ひとりの女の人が井戸に水をくみにやってきました。イエスさまが、水を飲ませてほしいとたのむと、その人はためらいました。そこで、イエスさまは言いました。
「もしあなたが、水を欲しいとたのんでいたら、わたしは生ける水をあげたでしょう。」
「でも、あなたは器を持っていないのに、どうやって水をくむのですか。」
「わたしがあげるのは井戸の水ではありません。この井戸の水を飲んでも、やがてのどがかわきます。でも、わたしがあげる水を飲む人は、けっしてかわくことはありません。」
「では、わたしにその水をください。」女の人は目をかがやかせました。
「あなたの夫を呼んできなさい。」イエスさまは言いました。
「夫はいません。」女の人が答えると、イエスさまはうなずきました。
「たしかに、そのとおりです。あなたはかつて5人の夫がいました。そして、今いっしょに住んでいる人は夫ではありません。」
「あなたはユダヤ人の預言者ですか。」女の人は警戒するように目を細めました。「あなたたちはエルサレムで礼拝しますが、わたしたちサマリア人はこの山で礼拝します。」
「場所はどこでもよいのです。」イエスさまは答えました。「神さまは霊とまことによって、礼拝されることを望んでいます。」
「神さまが本当の王をつかわしてくれれば、すべてが明らかになるでしょう。」
　イエスさまはその人をじっと見つめました。「わたしがその王です。」
　それを聞くと、女の人は町にかけもどり、「神さまの本当の王に会った」と人々に伝えました。そうこうしているうちに、弟子たちがもどってきました。
「見なさい。今やもう、かりいれのときです。人々は良い知らせを受けとる準備ができています。」イエスさまは言いました。

聖書のここに書かれているよ
ヨハネによる福音書 4章

この物語と関係があるよ
こちらも読んでみよう！

「岩から水が出る」
42 ページ

神さまの物語 新約編

5つのパンと2ひきの魚

ときにイエスさまは、町や村から遠くはなれた、さびしい場所に行きました。おおぜいの人が、そのあとをついていきました。そのようなとき、イエスさまは人々に、神さまの王国について、たくさんのことを教えました。

あるときイエスさまは、一日中ずっと話しつづけていました。気づくと、あたりは暗くなりはじめています。弟子たちは、人々がなにも食べていないことに気がつきました。
「みんなをいったん解散させて、家に帰って食べ物を持ってくるようにしませんか。」
弟子たちがたずねると、イエスさまは言いました。
「その必要はありません。ここでみんなに食べ物を配りましょう。」
弟子たちは、とほうにくれました。その場には男の人だけで五千人もいて、さらに女の人や子どもたちもいたのです。
「どうしたらよいでしょう。こんなに多くの人に配る食べ物はどこにもありません。」
そのとき、弟子のひとりが言いました。
「パンを5つと魚を2ひき持っている男の子がいます。でも、それではぜんぜん足りないでしょう。」

イエスさまはみんなを座らせてから、男の子にお願いしてパンと魚をもらいました。それから天を見あげて、パンと魚を祝福しました。イエスさまはパンをさいて、弟子たちにわたしました。弟子たちはそれをみんなに配っていきました。魚も同じように分けました。みんなは、パンと魚を食べておなかいっぱいになりました。

みんなが食べおわったあと、イエスさまは残ったパンと魚の切れはしを弟子たちに集めさせました。すると、12のかごがいっぱいになりました。

人々はこのできごとを見て、おどろきました。そして、「この人は神さまが約束した預言者にちがいない」と口々に言いました。

聖書のここに書かれているよ
マタイによる福音書14章
ヨハネによる福音書6章

この物語と関係があるよ
こちらも読んでみよう！

「岩から水が出る」
42ページ

イエスさまと嵐

聖書のここに書かれているよ
マタイによる福音書 14章

　パンと魚のできごとを見て、人々はイエスさまを自分たちの王にしたいと思いました。けれどもイエスさまは、集まった人々を解散させて、神さまに祈るためにひとりで山に登っていきました。

　そのあいだに、弟子たちは舟に乗って、カファルナウムを目指してガリラヤ湖をわたりはじめました。日が暮れて、あたりはすっかり暗くなっていました。舟が湖のなかほどにさしかかったとき、とつぜん、はげしい嵐になりました。弟子たちはおそろしくなりました。高い波が舟をはげしくゆらし、強い風のせいでまったく進むことができません。

　夜おそく、水の上を歩いてくる人かげが見えました。

「ゆ、ゆうれいだ！」

　弟子たちはまっさおになって、さけびました。

　ところが、それはイエスさまでした。イエスさまはおだやかな声で言いました。

「安心しなさい。わたしです。こわがらなくていい。」

　ペトロが大声で呼びかけました。

「ほんとうに先生ですか。もしそうなら、水の上を歩いてきなさいと、命じてください。」

「いいでしょう」とイエスさまは言いました。「それなら、歩いてきなさい。」

　ペトロは舟から出て、水の上を歩きはじめました。けれども、とちゅうで風と波を見てこわくなり、しずみはじめました。

「先生！」ペトロは悲鳴をあげました。「助けてください！」

　イエスさまは腕をのばしてペトロをつかみました。

「わたしを信じていれば、しずまなかったのに。なぜ疑ったのですか。」

　それから、イエスさまはペトロといっしょに舟に乗りこみました。すると、風がやみました。弟子たちはそれを見ておどろき、「あなたは、ほんとうに神さまの子です」と言いました。

この物語と関係があるよ
こちらも読んでみよう！

「神さまを信頼する」
272 ページ

わたしをだれだと思っていますか

聖書のここに書かれているよ
マタイによる福音書 16章

イエスさまは、十二弟子をつれて、人々から遠くはなれた北の地方に向かいました。目的地に着くと、イエスさまはたずねました。
「人々はわたしのことを、どのように話していますか。」
弟子たちは答えました。
「あなたを預言者だと言っています。ほかには、洗礼者ヨハネという人もいれば、エリヤだとか、エレミヤだとか言う人もいます。」
「それでは、あなたたちはどうですか。わたしをだれだと思っていますか。」
ペトロが答えました。
「あなたは神さまの子です。あなたは神さまがつかわした、本当の王です。」
イエスさまはペトロを見て、祝福しました。
「あなたはペトロです。ペトロとは岩のことです。わたしはこの岩の上に、わたしの教会を建てましょう。」
それからイエスさまは弟子たちに、これから起こることを告げました。
「わたしはエルサレムに行かなくてはなりません。そこでとらえられ、打たれて、殺されます。でもそのあと、死からよみがえるでしょう。」
ペトロはそれを聞いて不安になりました。
「いいえ、そんなことが、起こるはずがありません。」
イエスさまはペトロをいさめました。
「わたしのじゃまをしてはいけません。あなたは神さまのことを思わず、人のことを思っている。」
それからイエスさまは、弟子たちに語りました。
「もしこれからも、わたしに従うのなら、その人はわたしと同じように苦しむことになるでしょう。それでも、さいごまでわたしに従うなら、神さまの王国の訪れを、その目で見ることができるでしょう。」

この物語と関係があるよ
こちらも読んでみよう！
「王になるのはだれ」
74 ページ

神さまの物語 新約編

イエスさまの姿が変わる

　ある日イエスさまは、親しい3人の弟子、ペトロ、ヤコブ、ヨハネを連れて、山に登りました。4人が山の頂上に着いたとき、ふいにイエスさまの姿が変わりました。その顔は太陽のようにかがやき、その服は、まぶしいほどに白くなりました。

　3人の弟子はびっくりして、その場に根が生えたように立っていました。

　すると、とつぜん、イエスさまの右と左に、ふたりの人が現れました。ひとりはモーセで、もうひとりはエリヤでした。ふたりはイエスさまとともに、これからエルサレムで起こることについて話しています。このふたりもイエスさまと同じように、かがやいていました。

　ペトロは胸がどきどきして、思わず話しかけました。

「なんてすばらしいことでしょう。ここに3つの小屋を建てましょう。ひとつはあなたのため、ひとつはモーセのため、ひとつはエリヤのために。」

　するとそのとき、かがやく雲が降りてきて、イエスさまたちをつつみました。雲のなかから声がしました。

「これはわたしの子、わたしが愛する者。この者の言うことを聞きなさい。」

　その声を聞いたとたん、ペトロとヤコブとヨハネはこわくなって、ひれふしました。けれどもそのとき、イエスさまが近寄ってきて、3人にふれました。

「こわがらなくてよい。」イエスさまは言いました。「さあ、立ちなさい。もう行かなければ。でも、人の子が死人のなかからよみがえるまでは、今日見たことはだれにも言ってはいけません。」

聖書のここに書かれているよ

マルコによる福音書
9章

ルカによる福音書
9章

この物語と関係があるよ
こちらも読んでみよう！

「神さまの山の上で」
44 ページ

「エリヤとバアルの預言者」
100 ページ

エルサレムに向かう

聖書のここに書かれているよ
ルカによる福音書 9章

イエスさまは弟子たちに、エルサレムに向かうときがきたと告げました。
「よく聞きなさい。わたしたちはこれからエルサレムへ向かいます。エルサレムで人の子はとらえられ、裁判にかけられて、殺されるでしょう。けれども、3日目によみがえります。」
エルサレムに向かうとちゅう、イエスさまたちはサマリアを通り、ある村にとまろうとしました。けれどもその村の人々は、イエスさまが来るのを喜びませんでした。それを聞いて、ヤコブとヨハネは腹をたてました。
「この村を焼きほろぼすために、天から火を送ってもらいましょう。」
イエスさまはふたりをいさめました。人々を焼きほろぼしに来たわけではなかったからです。そこで別の村に行くことにして、旅をつづけました。
その旅のとちゅう、イエスさまについていきたいと願いでる人々がいました。
ある人は言いました。
「わたしはどこまでも、あなたについていきます。」
イエスさまは答えました。
「きつねには穴があり、鳥には巣があります。けれども人の子には、自分の家と呼べるところがありません。」
ほかの人は、父親が死ぬまで待ってほしいと言いました。
イエスさまは答えました。
「今すぐ、従ってきなさい。今こそ、神さまの王国について、告げ知らせるときです。」
また別の人は、いちど家にもどって家族に別れのあいさつをしたいと言いました。
その人にもイエスさまは言いました。
「いいえ、犂に手をかけてから、後ろをふりかえることはできません。そんなことをすれば、まっすぐに畑を耕すことはできないでしょう。もし神さまの王国に入りたいのなら、まっすぐ前だけを見て進まなければなりません。」
イエスさまは、自分に従うことがいかにたいへんか、人々に教えようとしたのです。

神さまの物語 新約編

親切なサマリア人

聖書のここに書かれているよ
ルカによる福音書 10章

イエスさまが人々を教えているとき、ときどきだれかが質問をすることがありました。ある日、モーセの法律の学者が、イエスさまを困らせようとして、たずねました。
「神さまの王国に入るには、どうすればよいですか。」
イエスさまは、その質問に質問で返しました。
「モーセの法律には、どのように書いてありますか。」
「神さまを愛し、となりの人を愛しなさいとあります。」法律の学者はすぐに答えました。
イエスさまはうなずきました。
「そうです。そのとおりにしなさい。」
「それなら、となりの人とは、だれのことですか。」ふたたび法律の学者がたずねました。
そこでイエスさまは話しはじめました。

むかし、ひとりの旅人が、エルサレムからエリコに向かう旅のとちゅうで、強盗におそわれました。強盗は旅人をなぐりつけて金品をうばうと、大けがをしている旅人を道に残して、にげていきました。そこにひとりの祭司が通りかかりました。祭司は旅人を見ましたが、知らんぷりして行ってしまいました。つぎに、神殿で働くレビ人がやってきました。この人も旅人をちらりと見て、そのまま行ってしまいました。

さいごに、ひとりのサマリア人がやってきました。この人は外国人でしたが、旅人を見ると、かわいそうに思って、すぐにかけよりました。そして、ていねいに傷口を洗って包帯を巻くと、旅人をろばに乗せて宿屋に連れていきました。さらにサマリア人は、傷が治るまで旅人が宿屋にとまれるように、お金も残していきました。

このように話してから、イエスさまは学者の目を見つめました。
「それでは、このおそわれた旅人にとって、3人のうちだれがとなりの人でしょう。」
「おそらく、助けてくれた人でしょう。」
イエスさまはうなずきました。
「そのとおりです。あなたも行って、同じことをしなさい。」

この物語と関係があるよ
こちらも読んでみよう！

「山上の教え」
162ページ

神さまの物語 新約編

マルタとマリア

聖書のここに書かれているよ
ルカによる福音書10章

　イエスさまは、ユダヤ地方に滞在するときには、エルサレムの近くのベタニアという村に住む、ある家族をよく訪れました。その家には、マルタとマリアという姉妹と、その兄弟のラザロが暮らしていて、マルタが家のきりもりをしていました。

　ある日イエスさまが、家の居間で弟子たちと話をしていると、マリアが入ってきていっしょに座りました。マリアはイエスさまの教えを聞きたかったのです。

　いっぽう、マルタは台所にいました。マルタはいそがしく働いていましたが、ふと手を止めて、あたりを見まわしました。

「マリアはどこにいるのかしら。」マルタはひとりごとを言いました。「まったく、必要なときにかぎって、いないんだから。」

　マルタが居間に行くと、そこには、座りこんでイエスさまの話を聞いているマリアがいました。マルタは思わず、イエスさまに言いました。

「先生。わたしばかり働いていることが気にならないのですか。マルタにも手伝うように言ってください。」

「マルタ、マルタ。」

　イエスさまはやさしく、さとしました。

「あなたは、多くのことに気をとられすぎて、いらいらしている。けれども、ほんとうにたいせつなことは、ひとつです。マリアはそれを選んだのです。だから、マリアからそれを取りあげてはいけません。」

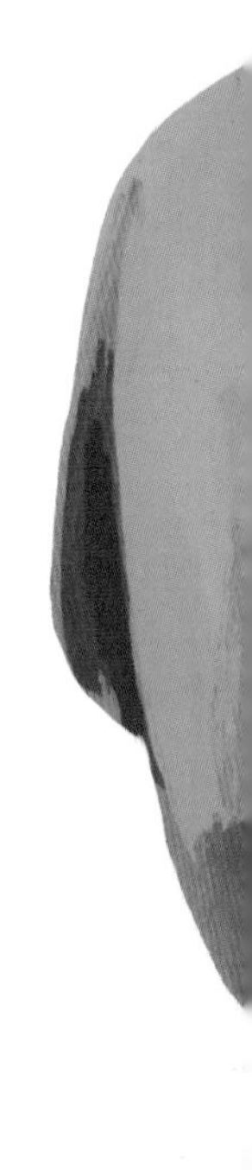

子どもを祝福する

聖書のここに書かれているよ
マタイによる福音書 18-19章

　あるとき、弟子たちのあいだで、いちばんえらいのはだれかという言い争いが起きました。そこでイエスさまは小さな子どもの手を取って、弟子たちのまんなかに立たせました。イエスさまは子どもに笑いかけると、弟子たちに言いました。
「この小さな子どものように、だれでも自分を低くする人でなければ、けっして神さまの王国に入ることはできません。」
　さらにイエスさまはつづけました。
「だれでもわたしの名前で小さな子どもを受けいれる人は、わたしを受けいれるのと同じです。そしてわたしを受けいれる人はだれでも、わたしをつかわした神さまを受けいれるということです。」
　またある日のこと、イエスさまに祝福してもらうために、人々が子どもたちを連れてやってきました。けれども弟子たちは、それを止めようとしました。イエスさまの話を、子どもたちがじゃましてはいけないと思ったからです。
　イエスさまは弟子たちをしかりました。
「子どもたちをわたしのところに来させなさい。止めてはならない。神さまの王国は子どものような人たちのものです。だれでも、子どものように神さまを王として受けいれて生きなければ、神さまの王国に入ることはできません。」
　それからイエスさまは、子どもたちをだきしめました。そして、子どもたちの頭の上に手を置くと、祝福の祈りをとなえました。

帰ってきた息子

聖書のここに書かれているよ
ルカによる福音書 15章

あるとき、イエスさまはおおぜいの人と食事をしました。そのなかには、むかし悪いことをした人も混じっていました。モーセの法律の学者がそれに気づき、「罪人と食事をするなんて」と文句を言いました。そこで、イエスさまは話しはじめました。

あるところに、ふたりの息子を持つ男がいました。弟のほうは、父親に自分のぶんの財産をせがむと、その財産を持って家を出ました。そして遠い国に行き、そこで友だちをつくって、楽しく遊んで暮らしました。すっかりお金を使いはたしたころ、その国にききんが起こりました。友だちだったはずの人たちはみんな、弟のそばからいなくなってしまいました。お金がなければ、働かなくてはなりません。けれども、やっとのことでみつけた仕事は、ぶたの世話でした。弟はあまりにおなかがへって、ぶたのえさですら、食べたいと思うほどでした。そんなある日、弟はふとわれに返って、考えました。
「そうだ、家にもどろう。お父さんにあやまって、召し使いとしてやとってもらおう。」
そこで弟は、家を目指して出発しました。ところが、家からまだ遠くはなれていたのに、父親は息子をみつけると、走ってきて、だきしめました。さらに、大声で召し使いを呼ぶと、息子のためにきれいな服と新しい靴、そして指輪を持ってくるように言いつけました。それだけでなく、父親は、ごちそうを準備するよう命じたのです。いっぽう、兄のほうは仕事から帰ってきて、一部始終を聞くと、腹をたてました。
「どうしてお祝いなんてするのですか。わたしには、なにもしてくれないのに。あいつのしたことを考えてください。」
そこで父親は答えました。「息子よ。おまえはいつもわたしといっしょにいる。わたしの持ち物はすべておまえのものだ。だが、今は祝おうではないか。おまえの弟は死んでいたのに、生き返り、いなくなっていたのに、みつかったのだ。」

イエスさまが罪人と食事をするのは、その人たちが自分の罪を悔いて、もどってきたことを祝うためでした。それは、世界を正しい姿にしようとする、神さまの計画の一部でした。イエスさまは、それを分かってもらいたくて、この物語を語ったのです。

この物語と関係があるよ
こちらも読んでみよう!

「救いの約束」
118ページ

「神さまの計画」
260ページ

神さまの物語 新約編

良い羊飼い

聖書のここに書かれているよ
ヨハネによる福音書 10章

　イエスさまは、ご自分が神さまからつかわされた指導者だと、人々に信じてほしいと思っていました。そのため、にせの指導者を信じてはいけないと、伝える必要がありました。

「わたしは本当の羊飼いです。」イエスさまは言いました。「わたしは羊たちが待ち望んでいた者です。羊を導こうとする人は、ほかにもいるでしょう。けれどもその人たちは、羊をまちがった道に導くだけです。わたしは、あなたたちに命をあたえるために来ました。それは、あふれるほどの命です。」

「わたしは良い羊飼いです。羊のためなら、なんでもします。わたしの命ですら、おしみません。わたしはわたしの羊を知っています。羊もわたしを知っています。わたしが天の父を知り、天の父もわたしを知っているように。」

　イエスさまは続けました。

「わたしには、ほかにも世話をする羊がいます。その羊はさまざまな場所に住んでいます。けれどもわたしが呼べば、羊たちはその声を聞きわけるでしょう。そして羊は、ひとりの羊飼いのもとに、ひとつの群れになるでしょう。」

　人々はぽかんとして、イエスさまを見ました。話していることが、よく分からなかったからです。イエスさまはほんとうに、神さまの民が待ち望んだ指導者なのでしょうか。

　イエスさまは言いました。

「わたしがこれまでにしてきたことを見れば、わたしがだれだか分かるでしょう。わたしはわたしの羊を呼び、羊はわたしの声を聞きわけます。わたしはいつまでも羊を守り、神さまの新しい世界で命をあたえるでしょう。」

この物語と関係があるよ
こちらも読んでみよう！

「主はわたしの羊飼い」
78ページ

「神さまを信頼する」
272ページ

木に登ったザアカイ

聖書のここに書かれているよ
ルカによる福音書19章

イエスさまと弟子たちは、エルサレムの近くまで来ていました。そのとちゅうにエリコの町があり、ザアカイという人が住んでいました。この人はローマ人のために税金を集め、金もうけをしていたので、人々にきらわれていました。

イエスさまが町にやってきたという知らせを聞いて、ザアカイは一目イエスさまを見たいと思いました。けれども背が低かったので、群がる人々がじゃまで、見ることができません。そこで、木に登ることにしました。

ザアカイが見ていると、イエスさまが弟子たちといっしょに歩いてきました。そして、ザアカイのいる木のそばで、ぴたりと止まりました。イエスさまは木を見あげて、枝葉のあいだからのぞいているザアカイを見つめました。

「ザアカイ、降りてきなさい。今日、あなたといっしょに食事をしたい。」

ザアカイはおどろいて、木から落ちそうになりました。そして、いそいで降りてくると、イエスさまを自分の家に案内しました。

人々はおどろいて、まゆをひそめました。

「なんてことだ」とだれかが言いました。

「罪人といっしょに食事をするなんて」と言う人もいました。

けれどもザアカイは人々の前で、はっきりと宣言しました。

「先生、わたしは生きかたを変えます。持っている財産の半分を貧しい人にあげます。またもし、だれかからお金をだましとっていたなら、その人に4倍にして返します。」

イエスさまは人々を見まわして、にっこり笑いました。

「今日ここに、神さまの救いが来ました。ザアカイはアブラハムの本当の息子です。人の子は、ザアカイのように、罪をおかして迷っている人をみつけだして、助けるために来たのです。」

この物語と関係があるよ
こちらも読んでみよう！

「帰ってきた息子」
186ページ

神さまの物語 新約編

生き返ったラザロ

聖書のここに書かれているよ
ヨハネによる福音書 11章

　ある日のこと、イエスさまは、友人のマリアとマルタから知らせを受けとりました。
「すぐに来てください。ラザロが病気になりました。」
　ところが、この知らせを聞いても、さらに2日のあいだ、イエスさまは同じ場所にとどまっていました。3日目になって、イエスさまはラザロのところへ行こうと言いましたが、弟子たちはエルサレムに近づくのをためらいました。エルサレムには、イエスさまに敵対する人がおおぜいいたからです。イエスさまは言いました。
「友人のラザロが眠っています。わたしはラザロを起こしに行きます。」
「先生、」と弟子たちは言いました。「眠っているだけなら、だいじょうぶでしょう。」
　そこで、イエスさまは立ちあがりました。「ラザロは死んだのです。さあ、行きましょう。」
　家の近くまで来たとき、マルタが走って出むかえました。
「先生、もしあなたがいれば、ラザロは死ななかったでしょう。」
「ラザロは生き返ります。」
　イエスさまはそう言って、なぐさめようとしましたが、マルタはためいきをつきました。
「終わりの日に、ラザロがすべての人とともに生き返ることは知っています。」
　イエスさまは告げました。「わたしは復活であり、命です。」
　イエスさまは、人々とともに、ラザロの墓までやってきました。墓の入り口には大きな石が置かれていました。みんな泣いていました。イエスさまも、なみだを流しました。
「石をどかしなさい。」イエスさまが命じると、マルタはしゃくりあげました。
「ラザロは4日も前に死んでいます。もうひどいにおいがするでしょう。」
「信じなさい。そうすれば、神さまの栄光を見るでしょう。」
　人々が石をとりのけると、イエスさまは神さまに祈りました。
「父よ、わたしの願いを聞きいれてくださり、かんしゃします。」
　それからイエスさまは大きな声で呼びかけました。
「ラザロ、出てきなさい。」
　するとラザロが、全身を布に包まれたままの姿で出てきたのです。
「さあ、布をほどいて、行かせてあげなさい。」イエスさまは言いました。

この物語と関係があるよ
こちらも読んでみよう！

「少女をいやす」
164ページ

「イエスさまの復活」
220ページ

香油をぬるマリア

聖書のここに書かれているよ
ヨハネによる福音書 12章

　イエスさまがベタニアに滞在していたときのことです。イエスさまと弟子たちは、マリアとマルタとラザロの家で、食事をしていました。マルタはいつものように料理をして、ラザロはみんなといっしょに席についていました。いっぽう、マリアにはある考えがありました。

　マリアは、自分の部屋から良い香りのする油が入った大きなつぼを持ってくると、イエスさまのそばにひざまずきました。それから、ふたを取って、なかの油をイエスさまの足に注ぎかけました。

　部屋中がしんと静まりかえりました。だれもがだまって、マリアがイエスさまの足に油をぬり、自分の髪の毛でイエスさまの足をぬぐうのを見ていました。家中に気持ちの良い香りが満ちました。

　とつぜん、その静けさは、おこった声でやぶられました。イエスさまの弟子のひとりが立ちあがって、マリアを非難したのです。

　弟子の名は、イスカリオテのユダといいました。

「その高価な油を売れば、たくさんのお金になったのに。」ユダは言いました。「そうすれば、貧しい人たちにほどこすことができただろう。」

　イエスさまはユダを見つめて、静かに言いました。

「マリアを責めてはいけません。マリアはわたしが死んで、葬られる日のために、この油を取っておいてくれたのです。」

「それに、」とイエスさまは、つづけました。「貧しい人たちは、いつもあなたたちとともにいるけれど、わたしはいつもあなたたちといっしょにいるわけではありません。」

神さまの物語 新約編

エルサレムに入る

聖書のここに書かれているよ
マタイによる福音書 21章
ルカによる福音書 19章

エルサレムに入るときがきました。そこでイエスさまは、弟子たちにろばを連れてくるように言いました。むかし、預言者のひとりが、「見よ、あなたがたの王が、ろばに乗ってやってくる」とユダヤ人に告げていたからです。

イエスさまがろばに乗ってやってくるのを見て、人々は道に自分の上着をしきました。木から枝をとって、しきつめる人もいました。イエスさまの前に行く人々は、おどりながら手をたたいて歌い、後ろをついてくる人々は、大きな声でさけびました。

　　ダビデの子にホサナ
　　主の名において来るかたに
　　神さまの祝福がありますように
　　いと高きところにホサナ

すぐに、町中がにぎやかな声につつまれました。小さな子どもたちも、声を合わせて歌っています。祭司長やモーセの法律の学者たちは腹をたて、「子どもたちを静かにさせてください」とうったえました。

けれどもイエスさまは、子どもたちをかばいました。
「もしこの子たちがだまるなら、こんどはここにある石が歌いだすでしょう。賛美の歌は幼い子どもの口から出ると、聖書に書いてあるのを知らないのですか。」

イエスさまは、ろばに乗って、オリーブ山の急なしゃめんをエルサレムに向かって下りていきました。遠くに、エルサレム神殿が見えました。イエスさまは、なみだをうかべて、エルサレムを見ました。
「神さまがもどってきて、平和をもたらすことを、あなたたちが分かっていたならよかったのに。でも、あなたたちは聞こうとはしなかった。もはや、おそすぎます。敵がせめよせて、あなたたちを地にたたきつけるときが、近づいています。」

この物語と関係があるよ
こちらも読んでみよう！
「**神さまはいつもどってくるの**」
124 ページ

神さまの物語 新約編

イエスさまと神殿

聖書のここに書かれているよ

マタイによる福音書21章

ヨハネによる福音書2章

過越の祭りが近づいていました。イエスさまがエルサレム神殿に入ると、神殿の中庭はおおぜいの人々でにぎわっていました。人々は神さまにささげる動物を買いたいと思っていましたが、神殿ではとくべつなお金しか使えません。イエスさまは、お金をりょうがえする人や動物を売る人が、多すぎるお金を要求しているのを目にしました。そこでおこって、商人や動物を神殿から追いだしはじめました。さらには、商売用の台をひっくり返したので、お金があちこちに散らばり、音をたてて転がりました。

「出ていきなさい。」イエスさまは声を上げました。「あなたたちは、わたしの父の家を商売の場所にしてしまった。」

神殿を守る兵士たちが、さわぎを聞いて、かけつけてきました。

「なにをしている。なぜこんなことをするのだ。」

「あなたたちがこの神殿をこわすなら、わたしは3日で建てなおします。」

イエスさまが答えると、人々はまゆをひそめました。

「なにを言っているのだ。この神殿を建てるのには46年もかかったのに。」

しかし、イエスさまは、石で造られた建物についてではなく、ご自分の体について話したのです。イエスさまの弟子たちでさえ、イエスさまの言葉の意味が分かりませんでした。弟子たちが理解できたのは、のちにイエスさまが復活してからのことです。

祭司長たちがイエスさまに近づいてきて、たずねました。

「だれの許しで、このようなことをするのですか。」

「洗礼者ヨハネを覚えていますか。」イエスさまは質問に質問で返しました。「ヨハネはだれの許しで、洗礼を授けたのでしょう。神さまですか、それとも人ですか。」

（イエスさまがこのようにたずねたのは、ヨハネが「イエスさまは神さまがつかわした王だ」と言っていたからです。そしてだれもが、王は神殿を支配できると知っていました。）

祭司長たちは、「神さまです」とは答えたくありませんでした。けれども、「人だ」と答える勇気もありませんでした。人々はヨハネを預言者だと信じていたため、人々をおこらせるのが、こわかったからです。けっきょく祭司長たちは、「分からない」と答えるしかありませんでした。

この物語と関係があるよ
こちらも読んでみよう！

「すばらしい神殿」
92ページ

「新しい神殿」
256ページ

神さまの物語 新約編

ぶどう畑と農夫

聖書のここに書かれているよ
マタイによる福音書 21章

　イエスさまは、祭司長たちに神さまの計画を伝えたいと思いました。そこで、こんなたとえ話をはじめました。

　あるところに、ぶどう畑を持っている人がいました。その人は遠くへ行かなければならなかったので、農夫たちに畑をあずけ、ていねいに世話をするように言って、旅に出ました。
　しばらくして、ぶどう畑の主人は召し使いを送って、収穫についてたずねました。けれども農夫たちは、召し使いをなぐって、追いはらってしまいました。主人は別の召し使いを送りましたが、何人送っても、同じように追いはらわれました。
　そこで、主人は考えました。
「つぎは、わたしの愛する息子を送ろう。農夫たちも、息子の言うことはきいてくれるだろう。」
　ところが農夫たちは、その息子がやってくるのを見て、言いました。
「あれはぶどう畑のあととりだ。殺してしまえば、畑はわたしたちのものだ。」
　そして、息子を殺してしまいました。

　イエスさまは祭司長たちを見て、言いました。
「さて、このあと、ぶどう畑の主人は農夫たちをどうすると思いますか。」
「その強欲でひどい農夫たちを追いだして、畑をほかの人に任せるでしょう。」
「そのとおりです。」イエスさまは言いました。「聖書にはこう書いてあります。『家を建てる者が捨てた石が、いちばん重要な石となった。』つまり、あなたたちは神さまの王国から追いだされ、王国は、良い実を結ぶほかの人たちにあたえられるでしょう。」
　祭司長たちは、それを聞いて、イエスさまが自分たちのことを語っていたのだと気づきました。強欲でひどい農夫とは、祭司長たちのことだったのです。そこでイエスさまをとらえたいと思いましたが、おそろしくて、できませんでした。多くの人々が、イエスさまを預言者だと思っていたからです。

この物語と関係があるよ
こちらも読んでみよう！

「苦難のしもべ」
120ページ

「ゲツセマネの祈り」
208ページ

カエサルのものはカエサルに

聖書のここに書かれているよ
マタイによる福音書 22章

　ユダヤに暮らす人は、「カエサル」に税を納めることになっていました。カエサルとは、ローマの皇帝のことです。けれども、喜んで税をはらっている人はだれもいませんでした。お金をはらうのが、いやだっただけではありません。ユダヤの人々は、ローマ皇帝を自分たちの王だと思いたくなかったからです。

　けれども、もし税を納めなければ、罰を受けます。そこで、ユダヤの指導者たちはイエスさまをわなにかけようとしました。

　「わたしたちは、あなたが真実を語る人だと知っています。あなたはだれもおそれません。あなたは神さまが望むことだけを教えているからです。そこで、お聞きしたいのですが、わたしたちは税金をカエサルにはらうべきでしょうか。はらわないほうがよいでしょうか。」

　イエスさまは、それがわなだと見ぬいていました。

　「税を納めるためのコインを見せなさい。」

　イエスさまが言うと、指導者たちはコインを1枚、手わたしました。そのコインの表にはカエサルの顔が彫られていて、へりには「神の…息子…大神官」と書かれていました。

　「この顔と、この文字は、だれのものですか。」イエスさまはたずねました。

　「カエサルのものです。」指導者たちは答えました。

　「それなら、」とイエスさまは言いました。「カエサルのものは、カエサルに返すのがよいでしょう。そして、神さまのものは神さまに返しなさい。」

　ユダヤの指導者たちは、なんと答えたらよいか分かりませんでした。指導者たちは、こんどこそイエスさまを困らせることができると思っていました。税をはらわなくてよいと言えば、イエスさまはローマ人をおこらせることになり、税をはらうように言えば、ユダヤの人々をがっかりさせたでしょう。けれども、なにをたくらんでも、イエスさまを追いつめることはできませんでした。

さいごの食事

聖書のここに書かれているよ

マタイによる福音書 26章

　過越の祭りの日になりました。家族や友人たちが、お祭りを祝うためにユダヤ全土から集まってきます。この日は、エジプトでどれいだった人々を神さまが助けだしてくれた物語を、語りあう日です。そして、ふたたび神さまが助けてくれるという約束を、思いおこすのです。

　イエスさまと弟子たちは、ともに過越の食事をしました。イエスさまは過越のための祈りをとなえ、みんなは、エジプトから助けだされた物語を口々に語りあいました。そのとき、イエスさまがパンを取りました。そして、そのパンをさいて、みんなに配りながら言いました。

「取って食べなさい。これはあなたたちのために分けた、わたしの体です。」

　弟子たちはおどろいて、イエスさまを見つめました。

　つぎにイエスさまはワインを注ぎ、その杯をみんなに回して言いました。

「これはわたしの血です。神さまは人々と、新しい契約を交わそうとしています。わたしがいなくなったあとも、あなたたちはパンとワインをともに分かちあいなさい。わたしのこと、わたしがしたことを、忘れないために。そして、神さまがゆるしてくれることを、思いだすために。」

　それからイエスさまは悲しそうに言いました。

「あなたたちのひとりが、わたしを裏切り、祭司長たちに引きわたそうとしています。」

　弟子たちはイエスさまがだれのことを言っているのか分からず、たがいに顔を見あわせました。そう、ただひとりをのぞいては。その人の名は、イスカリオテのユダといいました。

この物語と関係があるよ
こちらも読んでみよう！

「さいしょの過越」
38ページ

神さまの物語 新約編

204

弟子たちの足を洗う

聖書のここに書かれているよ

ヨハネによる福音書 13章

　過越の食事の席で、イエスさまはおどろくようなことをしました。イエスさまは上着をぬぐと、タオルを取って、こしの周りにまきつけました。それから、水の入ったたらいを持ってきて、弟子たちの足を洗いはじめたのです。あまりのことに、弟子たちは口もきけませんでした。だれかの足を洗うのは、どれいの仕事だったからです。
　自分の番が回ってきたとき、ペトロは立ちあがりました。
「先生、そんなことをしてはいけません。どうかわたしに先生の足を洗わせてください。」
「もしわたしがあなたの足を洗わなければ、あなたはわたしとは関わりのない他人になります。」
　その言葉に、ペトロはあわてました。
「それなら、足だけでなく、手も頭も洗ってください。」
　イエスさまはにっこり笑いました。
「洗うのは足だけでじゅうぶんです。あなたのほかの部分は、すでに清いのだから。」
　みんなの足を洗いおえて、イエスさまはふたたび上着を着ました。それから食事の席につくと、言いました。
「今わたしがあなたたちにしたことを、あなたたちも、ほかの人にしなさい。」
　そのあと、イエスさまは悲しそうな顔でペトロを見つめました。
「ペトロ、気をつけなさい。今夜、にわとりが鳴くまえに、あなたは3度、わたしを知らないと言うでしょう。」
　ペトロは傷つきました。
「たとえあなたといっしょに死ぬことになっても、あなたを知らないなどと、けっして言いません。」
　ほかの弟子たちもみんな口をそろえて、ペトロの言葉をくりかえしました。

ゲツセマネの祈り

聖書のここに書かれているよ
マタイによる福音書 26章

過越の食事を終えると、イエスさまは弟子たちを連れて外に出ました。そしてオリーブ山を下り、ゲツセマネの園という静かなところにやってきました。食事をしたあとで、もう夜もふけていたため、弟子たちは眠そうにしています。イエスさまは、ペトロとヤコブとヨハネには、起きているように言いました。そしてひとりで、はなれたところに行くと、ひざまずいて祈りはじめました。

「父よ。」イエスさまは祈りました。「どうかこの苦しみの杯を、わたしの前から取りさってください。けれどもわたしの願いではなく、あなたの望むことをしてください。」

イエスさまがもどってくると、ペトロもそのほかの弟子たちも、眠りこけていました。

「気をつけていなさい。苦しみのときが近づいています。」

イエスさまはそう言うと、ふたたびはなれて、ひざまずいて祈りはじめました。それはとても苦しい祈りでした。イエスさまはこれから起こることを知っていました。そして、にげずに受けいれなければならないことも、分かっていました。それでも、とてもおそろしかったのです。

ふたたび弟子たちのところにもどると、弟子たちはぐっすり眠っていました。

「起きなさい。苦しみにあわないように、祈っていなさい。」

そのときとつぜん、神殿を守る兵士たちが現れました。その先頭にたって向かってくるのは、イスカリオテのユダでした。

ペトロは剣をぬいて、たたかおうとしました。けれども、イエスさまは止めました。

「剣で戦うものは、剣で死にます。」

兵士たちはイエスさまをとらえて、引きたてていきました。

この物語と関係があるよ
こちらも読んでみよう！

「ぶどう畑と農夫」
200 ページ

裁判にかけられる

兵士たちは、大祭司のところへイエスさまを連れていきました。大祭司は、イスラエルの指導者が集まる会議の長でした。この指導者とは、祭司、モーセの法律の学者、そのほかの議員たちです。そのほとんどが、イエスさまのことを、危険な教えを広めるやっかい者だと考えていました。そして、イエスさまを亡き者にしたいと思っていたのです。

「おまえは、神殿をこわして建てなおすと言ったそうだが、どういうことだ。」

イエスさまは問われても、なにも答えませんでした。

「それなら」と大祭司は言いました。「おまえは神さまの子、本当の王なのか。」

イエスさまは大祭司の目を見つめ、静かに答えました。

「それは今あなたが言ったことです。しかし、あなたたちは、人の子が雲に乗って天に上げられ、神さまの右に座っているのを見るでしょう。」

「なんていうことを！」人々はさけびました。「これは神さまをけがす言葉だ。」

そしてイエスさまを死刑にすべきだということで、意見がいっしました。

つぎの朝、神殿の兵士たちは、イエスさまをローマ総督ピラトのもとに連れていきました。ローマ総督とは、ユダヤを治めるために、ローマから送られてくる支配者です。

「この男は、問題ばかり起こしています。」祭司たちはピラトにうったえました。

「それで、おまえはユダヤ人の王なのか。」ピラトはイエスさまにたずねました。

「わたしは真実を伝えるために来ました。」イエスさまが答えると、ピラトは声を上げて笑いました。「真実とは、いったいなんだ。」

毎年、過越の祭りには、ピラトはユダヤ人を喜ばせるために、罪人をひとり牢屋から解放することにしていました。

「おまえたちの王を解放してほしいか。」ピラトは人々に向かってたずねました。

「いいえ、」と人々は答えました。「わたしたちの王はローマの皇帝だけです。バラバを解放してください。」

バラバとは、強盗と人殺しをした罪でとらえられていた罪人でした。

さいごには、ピラトは人々の希望を受けいれました。バラバは解放され、イエスさまの死刑が決まったのです。

聖書のここに書かれているよ

マタイによる福音書 26-27章

ヨハネによる福音書 18-19章

この物語と関係があるよ こちらも読んでみよう！

「ダニエルと怪物」
116 ページ

大祭司の庭で

イエスさまがゲツセマネの園でつかまったとき、弟子たちはみんな、にげてしまいました。けれども、ペトロだけがこっそりと、イエスさまのあとを追って大祭司の家までやってきました。

ちょうど、家の中庭に人々が集まって、火を囲んで座っていたので、ペトロはそのなかにまぎれこみました。しばらくして、大祭司の召し使いの女が、ペトロに気がつきました。

「あなたは、あのイエスといっしょにいた人でしょう。」

「いいえ、ちがいます。」

ペトロはこわくなって、思わず言いました。

そのあと、別の召し使いもペトロを見て、周りの人々に言いました。

「たしかに、あの人がイエスといっしょにいるのを見たよ。」

「いいえ、わたしはその人を知りません。」

ペトロはふたたび言いました。

すると、ほかの人がまた言いました。

「あなたはイエスと同じ、ガリラヤから来た人だ。しゃべっている言葉がガリラヤの方言じゃないか。」

とうとう、ペトロはさけびはじめました。

「ちがう。そんな人、ぜんぜん知らない。別の人と、かんちがいしているんだ。」

大祭司の家のなかから、イエスさまは中庭の方をふりむき、ペトロを見ました。そのとたん、にわとりが鳴いたのです。

「今夜、にわとりが鳴くまえに、あなたは3度、わたしを知らないと言うでしょう。」

とつぜん、イエスさまの言葉がよみがえってきました。ペトロは、はずかしさのあまり、まっかになりました。どうして、イエスさまを知らないなんて言ってしまったのでしょう。ペトロはよろめきながら外に出ると、頭をかかえて泣きくずれました。

聖書のここに書かれているよ

マタイによる福音書 26章

ルカによる福音書 22章

この物語と関係があるよ
こちらも読んでみよう！

「わたしの羊を飼いなさい」
226ページ

十字架への道

聖書のここに書かれているよ
マタイによる福音書 27章
ルカによる福音書 22-23章

　ローマ総督ピラトは、イエスさまに死刑を宣告し、ローマの兵士たちに見はらせました。兵士たちはイエスさまを鞭で打ち、目かくしをして、「だれが鞭で打ったか当ててみろ」とからかいました。さらに、いばらで作ったかんむりを頭にのせて、「ユダヤ人の王、ばんざい！」と口々にさけびました。

　さんざんばかにしたあと、兵士たちはイエスさまに十字架をかつがせました。イエスさまは大きな十字架をかついだまま、通りを歩き、町の外の丘につづく坂道を上っていきました。その丘は、罪人を処刑する場所でした。

　道のわきには、おおぜいの人が集まって、見物していました。十字架はとても重かったので、イエスさまはなんどもつまずきました。そこで兵士は、見物している人のなかからシモンという男を連れてきて、かわりに十字架を運ばせました。

　丘に向かって歩いているとき、イエスさまは、自分の名前を呼んで、なげき悲しむ声を聞きました。それは、イエスさまに従ってきた女の人たちの声でした。イエスさまは言いました。

「わたしのために泣くことはありません。あなたたちのために、あなたの子どもたちのために泣きなさい。わたしがこのような目にあうのなら、あなたたちエルサレムの人々には、どのような災いが降るか分かりません。」

　ついに丘の上に着きました。イエスさまはここで十字架につけられるのです。この丘はゴルゴタ、すなわち「されこうべ」の丘と呼ばれていました。兵士たちはイエスさまを十字架の上にねかせ、かなづちで手と足にくぎを打って、十字架に固定しました。

　イエスさまは祈りました。

「この人たちをおゆるしください。自分がなにをしているのか分からないのです。」

　兵士たちは、ピラトに命じられたとおりに、十字架のてっぺんに、小さな板を打ちつけました。そこにはヘブライ語とギリシア語とラテン語で、「ナザレのイエス、ユダヤ人の王」と書かれていました。

神さまの物語 新約編

十字架の上で

兵士たちは、イエスさまを打ちつけた十字架を起こして、まっすぐに立てました。これは、問題を起こして危険だと考えた罪人を、ローマ人が処刑するための方法で、「十字架刑」と呼ばれていました。十字架につけられた人は、死ぬまでに長いこと苦しまなければなりません。兵士たちは、だれがイエスさまの上着を取るかを決めるために、くじを引きはじめました。

時刻は朝の9時ごろでした。人々は十字架につけられたイエスさまを見物するためにやってきて、笑いました。

「おまえは、神殿をこわして、3日で建てなおすそうじゃないか。まずは、その十字架から降りてきたらどうだ。」そう言ってあざける人もいました。

祭司長たちや、モーセの法律の学者たちも、イエスさまを見にやってきました。

「他人は救っても、自分は救えないのか。おまえがほんとうにユダヤ人の王なら、今すぐに十字架から降りてみろ。そうすれば信じよう。」

イエスさまといっしょに、ふたりの強盗が、ひとりはイエスさまの右に、ひとりは左に、十字架につけられました。そのうちのひとりは、見物人といっしょになって、イエスさまをあざけりました。ところが、もうひとりの強盗がそれを止めました。

「やめろ。おれたちは、罪をおかした。でもこの人は、なにも悪いことをしていない。」

そして、その強盗はイエスさまの方を見て言いました。

「イエスさま、あなたが王さまになるときには、わたしのことを思いだしてください。」

イエスさまは答えました。

「あなたは今日、わたしといっしょに楽園にいるでしょう。」

イエスさまは、十字架の上から、自分を見あげるふたりの人をみつけました。ふたりの顔には深い悲しみの色がありました。ひとりはイエスさまの母マリアで、もうひとりはイエスさまが愛する若い弟子でした。イエスさまは十字架の上から呼びかけました。

「お母さん、そこにあなたの息子がいます。」それから若い弟子に向かって言いました。

「そこにあなたの母がいます。」

時刻は正午でした。それなのに、とつぜんあたりが暗くなりました。

聖書のここに書かれているよ

マタイによる福音書 27章

ルカによる福音書 23章

ヨハネによる福音書 19章

この物語と関係があるよ
こちらも読んでみよう!

「罪とゆるし」
50ページ

「苦難のしもべ」
120ページ

イエスさまの死と埋葬

午後3時になっても、あたりは暗いままでした。そのとき、イエスさまがさけびました。
「神さま、神さま、どうしてわたしをみすてたのですか。」
イエスさまの声を聞いて、人々は飲み物を欲しがっているのだと思いました。そこですっぱいワインをふくませたスポンジを棒の先につけ、イエスさまにさしだしました。
「すべて成しとげられた。」
イエスさまはそう言って、頭をたれて、息を引きとりました。そのしゅんかん、神殿にあった大きなたれ幕が、上から下まで、まっぷたつにさけました。イエスさまを見ていた、ひとりのローマ兵は、思わずつぶやきました。
「この人はほんとうに神の子だった。」
もうひとりの兵士は、槍でイエスさまの体をさして、ほんとうに死んでいるか確かめました。

いっぽう、アリマタヤのヨセフという人は、イエスさまをきちんと墓に入れたいと考えました。この人はゆうふくな議員で、イエスさまを信じていましたが、それを周りにはかくしていました。イエスさまには敵が多いことを知っていたからです。けれどもヨセフはピラトのところへ行って、イエスさまを葬りたいと願いでました。

ヨセフはイエスさまの遺体を十字架から下ろして、新しい布で包みました。そして、美しい園にある、新しい墓に葬りました。その墓は、まるで洞窟のように、岩をくりぬいて作られていました。ヨセフは、イエスさまの遺体をていねいに墓におさめました。それから墓を出ると、だれもなかに入れないように、入り口に大きな石を転がしておきました。

イエスさまに従っていた女たちは、これらのできごとを遠くから見ていました。そのなかに、イエスさまを心から愛した女の人がいました。その人の名は、マグダラのマリアといいました。マグダラのマリアとその友人たちは、アリマタヤのヨセフについていき、イエスさまが葬られるのを見ていました。

聖書のここに書かれているよ

マタイによる福音書 27章

ヨハネによる福音書 19章

この物語と関係があるよ
こちらも読んでみよう！

「神さまの新しい契約」
268ページ

神さまの物語 新約編

イエスさまの復活

聖書のここに書かれているよ

ヨハネによる福音書 20章

　日曜日の朝はやく、マグダラのマリアはイエスさまの墓にもどってきました。マリアはイエスさまの遺体に、香りの良い油をぬろうと思ったのです。ところが、墓の近くまで来てみると、入り口にあった大きな石がわきに転がされています。マリアはそのまま引きかえすと、走って弟子たちに知らせにいきました。

　マリアの話を聞いて、ペトロとヨハネが走って墓に向かいました。さきにヨハネが着いて、墓のなかをのぞきこみました。あとからやってきたペトロは、ためらうことなく墓に入っていきました。イエスさまの遺体があった場所には、麻の布が落ちていて、頭をつつんでいた布は丸めて置かれています。ヨハネも墓に入っていきました。そして見て、信じました。イエスさまは生き返ったのです！

　ペトロとヨハネは、そのまま帰っていきました。けれどもマリアは、墓の外で泣いていました。しばらくして、マリアは立ちあがり、墓のなかをのぞいてみました。すると遺体があったところに、ふたりの天使が座っていました。

「なぜ泣いているのですか。」天使がたずねました。

「だれかが先生の遺体を持ちさりました。どこにあるのか分からないのです。」

　その言葉が終わらないうちに、マリアは後ろからだれかが近づいてくるのに気づきました。この園を管理している人かもしれません。マリアはたずねました。

「もし、あなたが遺体を動かしたのなら、どこに置いたのか教えてください。」

　けれども、その人は園の管理人ではありませんでした。

「マリア。」その声に、マリアは顔を上げました。それはイエスさまでした。イエスさまは、ほほえんでいました。マリアの胸がはげしく鳴りはじめました。

「先生。」マリアは目を見開きました。そのとたん、悲しみのなみだが、喜びのなみだに変わりました。

「帰って、弟子たちに伝えなさい。わたしの父であり、あなたたちの父でもある神さまのもとに、わたしは上ります。」イエスさまは言いました。

　マリアは、イエスさまのそばを、はなれたくありませんでした。それでも、弟子たちのもとにもどって、「イエスさまは生きています」と伝えました。

この物語と関係があるよ
こちらも読んでみよう！

「救いの約束」
118 ページ

「新しい世界の約束」
132 ページ

神さまの物語 新約編

エマオへの道

聖書のここに書かれているよ
ルカによる福音書 24章

　その日の午後、ふたりの弟子が、エルサレムからエマオという村に向かって歩いていました。ふたりの気持ちは悲しみにしずんでいました。ふたりの先生であり、愛する友でもあったイエスさまが、十字架につけられて死んでしまったからです。もうにどと、イエスさまに会うことはできないのです。ふたりはとぼとぼと歩きつづけました。

　しばらくすると、ひとりの人が近づいてきて、いっしょに歩きはじめました。それはイエスさまでした。けれども、ふたりはその人がイエスさまだと気づきませんでした。

「なぜそんなに悲しそうなのですか。」イエスさまはたずねました。

「わたしたちは、ナザレのイエスに従っていました。神さまの民を救ってくれると思っていたからです。でもその人は十字架につけられてしまいました。3日前のことです。」

　イエスさまは、なぐさめるように言いました。

「聖書には、『神さまの子は世界の王になる前に苦しみを受ける』と、書いてあります。」

　エマオに着いたとき、3人は宿屋に入り、食事をしました。食事の席で、イエスさまはパンをとって祝福し、それをさいて、ふたりに配りました。そのとたん、ふたりは、その人がイエスさまだと分かりました。ふたりが思わず声をかけようとしたとき、イエスさまの姿は消えてしまいました。弟子たちはおどろいて、たがいに言いました。

「そうだよ。あれはイエスさまだ。」

「いっしょに話していたとき、心が熱くなって、どきどきしたじゃないか。」

　ふたりは食事もそこそこに立ちあがると、急いでエルサレムにもどりました。そして、ほかの弟子たちのところへ行って、イエスさまと会ったと話しはじめました。すると、その場にイエスさまが現れて、弟子たちのあいだに立ったのです。

　弟子たちはおそれました。目の前にいるのは、ゆうれいでしょうか。そこでイエスさまは、みんなに手と足の傷を見せました。それは、十字架にくぎで打たれときの傷でした。そのあと、イエスさまが食べ物を口にしたので、弟子たちはやっと、イエスさまが復活したのだと信じました。

　イエスさまは言いました。「ときは近づきました。神さまはあなたたちに、新たな使命をあたえます。あなたたちは、そのためのとくべつな力を、神さまから授かるでしょう。」

この物語と関係があるよ
こちらも読んでみよう！

「苦難のしもべ」
120 ページ

神さまの物語 新約編

疑ったトマス

聖書のここに書かれているよ
ヨハネによる福音書 20章

　十二弟子のひとりのトマスは、少しとんちんかんな言動をする人でした。エルサレムへのさいごの旅も、ほんとうは気がすすみませんでしたが、イエスさまを愛していたので、従いました。イエスさまが語ることが、よく分からないこともありました。それでも、トマスはイエスさまに忠実でした。
　イエスさまが弟子たちの前に姿を現したとき、トマスはその場にいませんでした。弟子たちが「イエスさまに会った」となんどくりかえしても、トマスは信じませんでした。
「イエスさまにさわってみなければ信じられないよ。手足の傷や、槍でさされたわき腹の傷に指を入れてみなければ、信じない。」
　トマスは、作り話なんかにだまされないと思っていたのです。
　その8日後、弟子たちは、一軒の家に集まっていました。とびらにはかぎがかかっていたのに、とつぜんイエスさまが現れて、みんなのまんなかに立ちました。
　イエスさまは手をさしだしました。
「さあ、トマス、手のひらの傷はここです。手をのばして、この槍の傷にもさわってみなさい。そして信じなさい。」
　それだけで、トマスにはじゅうぶんでした。
「ああ主よ、神さま。」
　トマスは答えました。
　イエスさまは、ほほえみました。
「いいですか、トマス。あなたはその目で見て、信じました。見なくても信じる人たちは、祝福されるでしょう。」

神さまの物語 新約編

わたしの羊を飼いなさい

聖書のここに書かれているよ
ヨハネによる福音書 21章

その数日後、ペトロやほかの弟子たちは、ガリラヤ湖で漁をしていました。一晩中、舟の上にいましたが、魚は1ぴきもとれません。夜が明けても、弟子たちはまだ湖の上にいました。そのとき、イエスさまが岸辺に現れました。けれども弟子たちには、それがイエスさまだと分かりませんでした。イエスさまは舟に向かって呼びかけました。

「舟の右がわに、あみを投げなさい。」

弟子たちがそのとおりにすると、あみいっぱいの魚がとれました。そこでみんなは、岸にいるのがイエスさまだと気がつきました。

イエスさまだと気づいたとたん、ペトロは湖に飛びこみ、岸に向かって泳ぎだしました。ほかの弟子は、あみを引いて岸に向かいました。弟子たちが岸に着くと、炭火がおこしてあって、朝食の準備がしてありました。

「今とった魚を持ってきなさい。」イエスさまは言いました。

あみには153びきもの大きな魚がかかっていました。あみは魚の重さではちきれそうでしたが、やぶれてはいませんでした。

朝食のあと、イエスさまはペトロにたずねました。

「わたしを愛していますか。」

「もちろんです。わたしはあなたの友です。」ペトロは答えました。

「それなら、わたしの羊を飼いなさい。」イエスさまは言いました。

「わたしを愛していますか。」もういちどイエスさまはたずねました。

「もちろんです。わたしはあなたの友です。」もういちどペトロは答えました。

「では、わたしの羊の世話をしなさい。」イエスさまは言いました。

「あなたはわたしの友ですか。」さらにイエスさまはたずねました。

ペトロは悲しくなりました。

「主よ、あなたはぜんぶ分かっているはずです。わたしはあなたの友です。」

「わたしの羊を飼いなさい。」イエスさまは言いました。

イエスさまは、いつの日かペトロは信仰のために死ぬだろうと語りました。そして言いました。「わたしに従いなさい。」

この物語と関係があるよ
こちらも読んでみよう!

「大祭司の庭で」
212ページ

「神さまを信頼する」
272ページ

王となったイエスさま

聖書のここに書かれているよ
使徒言行録 1章

イエスさまは復活したのち、40日のあいだ弟子たちとともにいて、教え、はげましました。
聖書には、神さまが全世界を治める本当の王をつかわして、その王が正義と平和をもたらすと書かれていました。そこで弟子たちはたずねました。
「いつそれが実現するのですか。」
「まもなく実現します。」
イエスさまは答えました。

しかし、それは、みんなが思っているようなかたちではありません。イエスさまは弟子たちのもとを去らなければならないからです。イエスさまの姿を目で見ることは、できなくなります。けれどもイエスさまは神さまの霊をとおして、いつもいっしょにいて、助け、導いてくれるでしょう。

これからは、イエスさまは神さまの右に座って、新たに世界を治めていきます。イエスさまは天に昇りますが、神さまの新たな支配が、この地上に実現するのです。

イエスさまは言いました。
「神さまはあなたたちに、聖霊の力を授けてくれます。その霊に満たされて、全世界にわたしのことを伝えなさい。まずはエルサレムから、つぎにユダヤ、そのつぎにサマリア、さらに遠くへ、世界のすみずみまで行きなさい。」

そう語ったのち、イエスさまは弟子たちの前で、天に上げられました。イエスさまの姿はどんどん昇っていき、ついに雲にさえぎられて見えなくなりました。

弟子たちは気持ちが高まるのを感じました。もうイエスさまと会うことはできません。けれどもイエスさまは、まったく新しい方法で世界を治めはじめたのです。
「イエスさまが約束したことが、すべて実現しますように」と、弟子たちは祈りました。

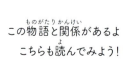
この物語と関係があるよ
こちらも読んでみよう!

「王のなかの王をたたえる」
134 ページ

神さまの物語 新約編

聖霊が降る

聖書のここに書かれているよ
使徒言行録 2章

イエスさまが復活してから7週間がたちました。過越の祭りを祝ってから7週間たつと、こんどは五旬祭、すなわちペンテコステのお祭りです。過越は、神さまがエジプトから救いだしてくれたことを記念する日ですが、五旬祭は、神さまがシナイ山でモーセととくべつな契約を交わしたことを記念する日です。

五旬祭の日、弟子たちはエルサレムの一軒の家に集まっていました。するととつぜん、はげしい音が聞こえました。音はどんどん大きくなり、はげしい風が吹きすさぶような音が、家中にひびきわたりました。

そして音がやむと、ちらちらとゆらめく炎が、弟子たちの頭上に現れたのです。この炎は、神さまの力強い霊が弟子たちの体のなかに入り、新しい使命のために力を授けてくれたしるしでした。

弟子たちは、とつぜん、自分たちがあらゆる国の言葉を話せることに気づきました。そこで外にとびだすと、人々に向かって話しはじめました。その日、エルサレムには、五旬祭を祝うために、さまざまな国にすむユダヤ人が集まっていました。そして、そこにいるすべての人が、自分たちの国の言葉で弟子たちが語るのを聞いたのです。

けれども、弟子たちが酔っているのだと考えて、笑う人もいました。
「見ろよ、わけのわからないことをしゃべっているぞ。飲みすぎじゃないのか。」
そこで、ペトロはきっぱりと言いました。
「わたしたちは、酔ってはいません。聖書に書かれていることが実現しただけです。神さまはいつも、人々に聖霊をあたえると約束してくれました。イエスさまは、神さまがつかわした本当の王であり、全世界を治めるかたです。

イエスさまがわたしたちに聖霊を送ってくれたため、わたしたちは、世界中の人々に、イエスさまについて語ることができるようになりました。ぜひ、この良い知らせを信じて、洗礼を受けてください。そうすれば、あなたたちも神さまの民に加わることができます。」

神さまの物語 新約編

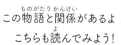
この物語と関係があるよ
こちらも読んでみよう!

「祝日とヨベルの年」
52ページ

「すばらしい神殿」
92ページ

教会のはじまり

聖書のここに書かれているよ
使徒言行録 2、4−5章

　イスラエルに住む多くの人々が、イエスさまの良い知らせを信じました。何百人もの人々が洗礼を受け、イエスさまに従うようになりました。この人々は、イエスさまについて弟子たちが語ることには、なんでも、ねっしんに耳をかたむけました。
　新たにイエスさまに従った人たちは、大きな家族のように、たがいに世話をしながら、いっしょに暮らしはじめました。みんなはたがいに、兄弟や姉妹のように感じていました。この人たちは、自分の持ち物を売って、困っている人を助けました。弟子たちもまた、多くの人々の病気をいやしました。まるで、新しい世界が誕生したかのようでした。
　人々は、それぞれの家に集まって、聖書を読んでいっしょに祈りました。神さまに祈るのはユダヤ人と同じでしたが、この人たちは、イエスさまをとおして神さまに祈りました。そして定期的に、たがいの家に集まりました。いっしょに食事をするときは、イエスさまの言葉をまもり、パンをさいて、それを分けあって食べました。そんなときみんなは、イエスさまが今この場に、いっしょにいてくれると感じました。このような集まりは、まさに、現代の教会と同じものでした。
　こうした動きを、エルサレムの指導者たちは警戒しました。人々が集まって、自分たちに反逆するのではないかとおそれたからです。そこで、指導者たちは、弟子たちがイエスさまについて語るのを止めようとしました。けれどもペトロは立ちあがり、指導者たちの前ではっきりと宣言しました。
「わたしたちが従うのは神さまです。人間には従いません。」
　さらにペトロは言いました。
「わたしたちの先祖の神さまは、あなたたちが殺したイエスさまを生き返らせました。わたしたちは、それをこの目で見ました。わたしたちが授かった聖霊もまた、その証人です。」
　そのあと、弟子たちはともに集まって祈り、聖書を読みました。すると、神さまの霊が体に満ち、勇気がわいてきました。みんなは、おそれることなく、イエスさまの良い知らせを語りはじめました。

神さまの物語 新約編

ステファノの死

日に日に、多くの人々が、イエスさまの新たな「家族」に加わりました。けれども家族が大きくなればなるほど、おおぜいの人々をまとめるのは難しくなります。そこで弟子たちは、とくべつに7人を選んで、仕事を助けてもらうことにしました。この7人の役割は、人々の世話をし、貧しい人が困っていないか目を配ることでした。

このころには、ペトロ、ヤコブ、ヨハネなど、イエスさまの親しい弟子だった人たちは、「使徒」と呼ばれるようになっていました。ペトロとほかの使徒たちは、7人の頭の上に手を置いて、「神さまの霊がこの人たちを導いてくれますように」と祈りました。

7人のなかに、ステファノという人がいました。ステファノは人前で話をするのがじょうずで、ユダヤ人に向けて、ねっしんに語りました。
「神さまが聖書のなかで約束したことが、ついに実現しようとしています。イエスさまと聖霊をとおして、天と地が結ばれるのです。」

けれども、ステファノが語ったことは、「エルサレムの神殿はもう必要ない」ということでもありました。そのため、ユダヤ人の指導者たちのなかには腹をたてる者もいて、ステファノをつかまえて裁判にかけました。
「この男は、神さまの神殿と、モーセの法律をけなしています。」

この裁判で、ステファノは、自分をうったえた人たちに向かって、聖書に書かれている神さまの計画について、くわしく語りました。
「モーセや預言者は、神さまが本当の王をつかわしてくれる日を、待ち望んでいました。聖書をよく読めば分かりますが、神殿さえも、あなたたちが思っているほど重要ではありません。」さらに、ステファノは言いました。
「本当の王が現れたとき、あなたたちはその王の言葉を聞こうとしませんでした。それどころか、王を裏切り、ローマ人に引きわたして、十字架につけました。」

その場にいた人々は、それを聞いてはげしくいかりました。ステファノにつかみかかると、外に引きずりだして、石で打ち殺したのです。死ぬまぎわ、ステファノは神さまの右に立っているイエスさまの幻を見ました。ステファノはさけびました。
「主よ、どうかこの人たちをおゆるしください。」

聖書のここに書かれているよ
使徒言行録 6-7章

この物語と関係があるよ
こちらも読んでみよう！

「ダニエルと怪物」
116ページ

み言葉を広めるフィリポ

聖書のここに書かれているよ
使徒言行録 8章

　エルサレムのユダヤ人指導者たちのいかりが、はげしかったため、イエスさまを信じる人々の多くは、つかまって裁判にかけられないように、エルサレムを去らなければなりませんでした。そこで、十二弟子のひとりのフィリポは、北のサマリア地方へ向かいました。その地でイエスさまのことを告げ知らせたので、多くの人々が信じて、洗礼を受けました。ところがある日、天使が告げました。
「南に向かい、荒れ野の道へ行きなさい。」
　そこでフィリポは、こんどは南へと旅立ちました。荒れ野の道にたどりついたとき、大きな馬車に乗って南に向かっていく人が見えました。その人は、エチオピアの女王に仕えるえらい役人でした。エルサレムで神さまを礼拝して、アフリカに帰るとちゅうだったのです。
「走って馬車に追いつき、そこに乗っている人に会いなさい。」神さまの霊がフィリポに命じました。フィリポが馬車に追いついたとき、その人は聖書を読んでいました。

　　その人は、殺されるために引かれてゆく羊のように
　　毛をかる者の前でだまっている小羊のように
　　口を開かなかった

　それはイザヤの言葉でした。馬車に乗った人は顔を上げて、フィリポを見ました。
「預言者イザヤは、だれのことを語っているのだろう。」
　そこでフィリポは馬車に上がりこみ、「それはイエスさまのことです」と教えました。イエスさまが犠牲の小羊のように殺されたこと、そして神さまが死から生き返らせたことを、くわしく語ったのです。
　エチオピア人はフィリポの話を信じました。そして、水があるところに来たとき、馬車を降りて、フィリポから洗礼を受けました。そのすぐあと、神さまの霊がフィリポを連れさりました。エチオピア人は、イエスさまを知ることができて、大喜びで国に帰っていきました。

この物語と関係があるよ
こちらも読んでみよう！

「苦難のしもべ」
120 ページ

神さまの物語 新約編

ダマスコへの道

聖書のここに書かれているよ
使徒言行録 9章
コリントの信徒への手紙一 15章

イエスさまの新たな家族は日ごとに大きくなり、ユダヤを遠くはなれた場所でも、人々はともに集まって、教会をつくりました。けれども教会が大きくなるにつれ、敵も増えていきました。とくにはげしく教会を攻撃した人のなかに、サウロという若者がいました。サウロは、ユダヤ人のために神さまが救い主を送ってくれると信じていました。しかし、その救い主が十字架につけられるような人だとは、とても信じられなかったのです。

そんなとき、サウロはダマスコの教会のうわさを耳にしました。ダマスコは、エルサレムのはるか北にある、シリアの町です。サウロはその人たちをとらえて、牢屋に入れようと考えました。だれにもじゃまはさせません。サウロは意気込んで、出発しました。

ダマスコの町の近くまで来たとき、とつぜん、まばゆい光が天から降りそそぎました。サウロは思わず地面にたおれました。すると声が聞こえてきました。

「サウロ、サウロ、なぜわたしを攻撃するのか。」

「あなたはだれですか。」サウロがたずねると、声は答えました。

「わたしはあなたが攻撃しているイエスです。起きあがって、町に入りなさい。そこであなたは、自分の使命を知るでしょう。」

光があまりにまぶしかったので、起きあがったとき、サウロの目は見えなくなっていました。そのため、いっしょにいた人に手を引かれて、町まで歩いていきました。それから3日のあいだ、サウロはひとこともしゃべらず、ただ祈りつづけました。

そのすぐあと、イエスさまは、ダマスコに住むアナニアという人のもとに現れました。アナニアはイエスさまに従う人のひとりです。イエスさまがサウロのもとへ行くように告げると、アナニアはおどろき、おそれました。サウロが教会を攻撃していたことを、知っていたからです。けれどもイエスさまは、サウロに新しい使命をあたえようとしていました。全世界に、イエスさまが悪の力に打ち勝ったと告げ知らせる使命です。今や、世界中のすべての人が罪から救われて、神さまの家族に加わることができるのです。

アナニアはイエスさまの言葉に従いました。訪ねていって、サウロの目の上に両手を置きました。そのとたん、サウロの目はふたたび見えるようになりました。サウロは別人のように生まれかわりました。立ちあがると、その場で願いでて、洗礼を受けたのです。

この物語と関係があるよ
こちらも読んでみよう！

「イエスさまの姿が変わる」
176ページ

「ヨハネとイエスさまの幻」
276ページ

神さまの物語 新約編

ペトロの見た幻

聖書のここに書かれているよ
使徒言行録 10章

そのころ、ローマ軍の隊長でコルネリウスという人が、カイサリアの町に住んでいました。コルネリウスは心の正しい人で、いつも神さまに祈っていました。ある日のこと、コルネリウスのところに天使が現れて、「ペトロを家に招きなさい」と告げました。

同じころ、ペトロもまた幻をみました。ペトロが祈っていると、ふいに天が開いて、大きな布のようなものが降りてきました。そのなかには、あらゆる動物が入っていました。

そして声が聞こえました。「起きあがって、これらの動物を食べなさい。」

その動物を見て、ペトロはまっさおになりました。モーセの法律では、食べてもよい動物と、食べてはいけない動物がきちんと決められていました。ところが、布のなかには、禁じられた動物が入っていたのです。

「できません！」ペトロはさけびました。「わたしは今までいちども、清くないもの、汚れたものを食べたことはありません。」

けれども声は告げました。「神が清めたものを、清くないなどと言ってはなりません。」

そして幻は消えました。ペトロはとまどいました。この幻をとおして、神さまはなにを伝えようとしているのでしょう。ちょうどそのとき、とびらをたたく音が聞こえました。それはコルネリウスの使いでした。使いは、ペトロをコルネリウスの家に招きました。ペトロは、聖霊に導かれるままに、出かけていきました。

ペトロが家に着くと、コルネリウスが家族を集めて待っていました。そして、イエスさまについて話をしてほしいと、ペトロにたのみました。そこでペトロは、イエスさまが行った数々のすばらしいこと、イエスさまが十字架につけられて死んだこと、けれども神さまが生き返らせてくれたことを、くわしく語りました。コルネリウスとその家族はペトロの話を聞き、信じました。

そのとき、おどろくべきことが起こりました。神さまの聖霊が、そこにいる人々の上に降ったのです。ふいに、ペトロはさとりました。ペトロはこれまで、ユダヤ人でない人は、あの幻の動物と同じように、清くなく、汚れていると思っていました。しかし、イエスさまの良い知らせによって、あらゆる人が清められるのです。神さまは、あの幻をとおして、そのことをペトロに教えていたのでした。

この物語と関係があるよ
こちらも読んでみよう！

「エルサレムでの会議」
246 ページ

神さまの物語 新約編

240

助けだされたペトロ

聖書のここに書かれているよ
使徒言行録 12章

　ユダヤでは新しい王が即位しました。王の名は、ヘロデ・アグリッパといいました。王は、エルサレムにいるイエスさまの弟子たちを攻撃すれば、自分の人気が上がると考えました。そこで、使徒のひとりで、ヨハネの兄弟のヤコブをとらえ、殺しました。王はさらに、ペトロもとらえて牢屋に入れ、くさりでつないで、ふたりの兵士に見はらせました。王は、ペトロも殺すつもりでした。

　人々はヘロデをおそれながらも、ともに集まって、「ペトロを助けてください」とねっしんに祈りました。その夜、神さまは祈りにこたえてくれました。牢屋のなかで、ペトロがくさりにつながれたまま眠っていると、とつぜん天使が現れて、ペトロを起こしました。ペトロをつないでいたくさりは、ひとりでに外れて落ち、牢屋のとびらも、ひとりでに開きました。

「これは夢にちがいない。」

　ペトロはそう考えて、天使に導かれるまま、牢屋を出て建物のあいだを歩き、門をとおって外に出ました。けれども、町の通りに出たとたん、天使は消えました。そこではじめて、ペトロは、これは現実のことだとさとったのです。

　ペトロはいそいで、仲間が集まって祈っている家に向かいました。そして門の戸をたたきました。その音を聞きつけて、ロデという召し使いの女が出てきました。

「わたしです、ペトロです。はやく入れてください。」

　ペトロはささやきました。

　ペトロの声を聞いて、ロデは心からほっとしました。そして、家のなかへかけもどると、みんなにペトロがにげてきたと伝えました。ところが、あわてていたので、戸を開けるのを忘れてしまいました。

　ほかの人たちは、はじめロデの言うことを信じませんでした。けれどもペトロが戸をたたきつづけたので、やっと、ペトロをなかにむかえいれました。

　そのあとペトロは、エルサレムからのがれて、ほかの場所で、イエスさまの良い知らせを伝えつづけました。

この物語と関係があるよ
こちらも読んでみよう！

「牢屋に入れられたパウロ」
248ページ

み言葉を広めるパウロ

聖書のここに書かれているよ
使徒言行録 13、15章
ガラテヤの信徒への手紙 2章

　ダマスコに向かうとちゅうで、サウロの前にイエスさまが現れてから、何年かたちました。サウロは今では、バルナバという使徒とともに、シリアのアンティオキアという町で、イエスさまについて語りひろめていました。そのころ、アンティオキアは、ローマ帝国でもっとも大きな都市のひとつで、世界中の国々から多くの人が集まっていました。

　アンティオキアの教会は、どんどん人がふえていき、大きくなっていきました。（それは、はたから見ても明らかでした。この町ではじめて、イエスさまを信じる人々が、「クリスチャン」と呼ばれるようになったのです。）

　さまざまな国の人々が、神さまをとおして、ひとつの家族に加わりました。サウロとバルナバには、それが大きな喜びでした。たいせつなのは、イエスさまを信じるということだけでした。

　サウロとバルナバは、およそ1年のあいだ、アンティオキアでいっしょに活動しました。そのあと、神さまは別の町へ行くよう、告げました。サウロがギリシア語の「パウロ」という名前を名のるようになったのは、このころのことです。

　ふたりはキプロス行きの船にのり、そこからガラテヤへ向かいました。そしてガラテヤの町の会堂（ユダヤ人が集まって祈ったり聖書を読んだりする場所）で、「ついに神さまが、イスラエルの本当の王をつかわしてくれました」と語りました。

　イエスさまは、もはやユダヤ人だけの王ではなく、全世界の王なのです。多くのガラテヤの人々が、その知らせを信じました。けれども、その知らせが気にいらず、ふたりを攻撃する人もいました。

　しばらくして、ふたりがアンティオキアにもどると、教会は混乱していました。ある人たちがエルサレム教会から来て、ユダヤ人でなければ、イエスさまを信じる者としてふさわしくないと言いはじめたからです。その人たちは、「ほかの国の人たちが教会に加わりたいのなら、モーセの法律に従わなければならない」と言いはりました。

　さいしょは、ペトロも、その人たちの意見を受けいれました。バルナバでさえも、賛成しました。けれどもパウロは、それはまちがっていると知っていました。

　パウロはペトロを説得しました。

「ユダヤ人でない人が教会に加わったからといって、モーセの法律に従う必要はありません。イエスさまの十字架の死によって、人々の罪はゆるされました。それなら外国人だって、同じ仲間です。たいせつなのは、イエスさまを信じて、その教えに従うことだけです。」

　のちにパウロは、ガラテヤの教会にも手紙を送り、このことについて語っています。

エルサレムでの会議

聖書のここに書かれているよ
使徒言行録 15章

　エルサレム教会から来た人たちは、すべての人がモーセの法律に従わなければならないと言って、アンティオキアの教会を混乱させました。その混乱がとてもはげしかったため、パウロとバルナバは、この問題を解決するために、エルサレムに向かうことになりました。

　ふたりはエルサレムに着くと、すぐに教会の指導者たちに会いにいきました。そしてガラテヤでの活動について話しました。ふたりは、「たくさんの外国人がイエスさまを信じるようになった」と伝えました。ユダヤ人でない人にも神さまの聖霊が力強くはたらいたこと、多くの人々がいやされたこと、この人々が今ではにせの神を拝むのをやめて、神さまを礼拝していることを、くわしく語ったのです。

　ペトロもこの会議に出席していました。そしてパウロとバルナバの話をじっくり聞いてから、口を開きました。ペトロも、アンティオキアでパウロの話を聞いてから、ずっと考えていました。そして、立ちあがって話しはじめました。

　ペトロは、その場にいる人々に、ローマの隊長コルネリウスをとおして神さまが教えてくれたこと、そして、その家族全員が聖霊によって洗礼を受けたことを語りました。

「神さまは、あらゆる国の人々を家族として受けいれるよう、求めています。外国の人たちも、そのまま受けいれましょう。モーセの法律を守らせる必要はありません。たいせつなのは、イエスさまを信じて従うことだけです。」

　つづいて、イエスさまの兄弟のヤコブが口を開きました。
「聖書にも、いつか世界中のすべての人々が、神さまの民に加わると書いてあります。今や、その約束が実現しつつあるのです。」

　会議は長いことつづきました。けれどもさいごには、みんなの意見がまとまりました。そして、教会の人々が混乱して不安にならないように、すべての教会に手紙を送ることにしました。たいせつなのは、ただイエスさまを信じて、イエスさまが望むような生きかたをすることだけでした。

この物語と関係があるよ
こちらも読んでみよう！

「ペトロの見た幻」
240 ページ

牢屋に入れられたパウロ

聖書のここに書かれているよ
使徒言行録 16章

パウロは新たな旅に出発しました。この旅では、同行する仲間も新しくなり、シラスという人がいっしょに行くことになりました。ふたりは、テモテというガラテヤ出身の若者も旅にさそいました。テモテは、ガラテヤの教会での評判が良かったからです。

3人は、ギリシア行きの船に乗り、フィリピの町に着きました。その町で、パウロはイエスさまのことを教えはじめました。神さまの霊がともにいたため、パウロは心や体に病気をかかえている人をいやし、イエスさまの名によってすばらしいことができると、みんなに教えることができました。

けれども、パウロの話が気にいらない人々は、その地方の役人にうったえました。そこでパウロとシラスはとらえられ、むちで打たれて、牢屋に入れられてしまいました。牢屋にいるあいだも、ふたりは祈ったり、賛美歌を歌ったりしていたので、気持ちがくじけることはありませんでした。

真夜中ごろ、とつぜん地面がはげしくゆれうごき、大きな地震が起こりました。牢屋のとびらはすべて開き、囚人たちのくさりも外れました。牢の番人は、囚人がみんな、にげてしまったと思って、まっさおになりました。きっとひどい罰を受けるにちがいありません。ところが、牢屋のなかからパウロの声が聞こえてきました。

「心配しないでください。わたしたちはまだ、ここにいます。」

番人は、いそいで明かりを持ってこさせると、牢屋にかけつけました。そして、囚人たちがその場にいるのを見て、ふるえながらパウロとシラスの前にひれふしました。

「先生、どうすれば、わたしたちは救われますか。」番人はたずねました。

「主であるイエスさまを信じなさい。そうすれば、救われるでしょう。」パウロは答えました。

番人はすぐにイエスさまを信じ、その日のうちに、家族とともに洗礼を受けました。

つぎの朝、その地方の役人たちは、パウロとシラスをこっそりと牢屋から出そうとしました。けれどもパウロは、「わたしたちをむちで打って、牢屋に入れたのは、大きなまちがいです」と言って、役人たちに、あやまるように求めました。

テモテはこの旅で、多くのことを学びました。

この物語と関係があるよ
こちらも読んでみよう!

「助けだされたペトロ」
242ページ

愛と希望の教え

聖書のここに書かれているよ
テサロニケの信徒への手紙一

テサロニケは、海のそばにあるギリシアの大きな町でした。パウロはこの町を訪れて、イエスさまのことを語りました。おおぜいの人がイエスさまを信じましたが、さわぎを起こした人たちがいたため、パウロは町を去らなければなりませんでした。

パウロはアテネに移り、その町で、テサロニケのクリスチャンに向けて手紙を書きました。手紙のなかで、パウロはこのように述べています。

「あなたたちがイエスさまに従おうとするとき、それに腹をたてて混乱させようとする人がいるかもしれません。イエスさまが苦しんだように、イエスさまに従う人たちも苦しむことがあるでしょう。」

パウロは、新たにクリスチャンとなったテサロニケの人々が、問題に直面しながらもしっかりと信仰を守ったことに、感動しています。そして、「神さまが望む生きかたをしなさい。貧しい人々の世話ができるよう、いっしょうけんめい働きなさい」と、はげましています。

テサロニケの人々へのさいしょの手紙で、パウロは祈っています。
「どうか神さまによって、あなたたちがたがいに愛しあい、すべての人を愛しますように。その愛がどんどん大きくなって、満ちあふれますように。あなたたちの心が強められ、イエスさまがふたたび、わたしたちのもとへもどってくるとき、神さまの前で、とがめられることがありませんように。」

テサロニケの人々は、いつかイエスさまがもどってくると知っていました。けれども、ひとつ心配なことがありました。すでに死んでしまった人はどうなるのでしょう。死んでしまった人は、どうしたらイエスさまといっしょに生きられるのでしょうか。

パウロは、人々をなぐさめました。イエスさまがもどってくるときには、イエスさまを信じたすべての人々が死からよみがえり、神さまの新しい世界で生きることができます。

イエスさまがいつもどってくるのかは、だれも知りません。だからいつも備えておかなければなりません。今このしゅんかんにイエスさまがもどってきてもよいように、正しく生きなければならないのです。

この物語と関係があるよ
こちらも読んでみよう！

「クリスチャンの愛とは」
254 ページ

アテネで教える

聖書のここに書かれているよ
使徒言行録 17章

　パウロは行くところ、行くところで、神さまがイエスさまを生き返らせたと語りました。今や、イエスさまは全世界の王なのです。そしていつの日か、この地上にもどってきて、すべてを正しい姿にもどすでしょう。

　アテネにいるあいだにも、パウロは、イエスさまの復活について人々に語りました。けれどもアテネの人々は、「イエス」「復活」といった言葉を聞いて、神や女神の名前だと思いこみ、よく知らない新しい神々を町に入れたくないと考えました。アテネの町には、町の名前となった女神のほかにも、すでに神も女神もたくさんまつられていたからです。

　そこで人々は、町の中心のアレオパゴス（裁判や会議が開かれる場所）にパウロを連れていきました。パウロはアテネの人々を前に、この世界をつくった、ただひとりの本当の神さまについて語りました。

「この世界と、この世界のあらゆるものをつくった神さまは、天と地の支配者です。ですから、人間がつくった神殿などには住んでいません。人間に世話をしてもらう必要もありません。神さまはわたしたちのそばにいます。わたしたちは神さまのなかで生き、動き、存在しているのです。あなたがたの詩人のひとりも、『わたしたちは神さまの子孫なのだ』と言っています。

　では、ほんとうにわたしたちが神さまの子孫であるなら、神さまを金属や石でできた像と同じものだと、考えてはいけません。それはばかげたことです。神さまは今や、すべての人に、にせの神を拝むのをやめて、ご自分だけを礼拝するように望んでいます。そして、ご自分が選んだ人によって、この世界が裁かれる日を定めました。わたしたちはこのことを知っています。なぜなら、神さまはその人、すなわちイエスさまを、死者のなかから生き返らせたからです。」

　パウロがこのように語ったとき、多くの人はただ笑っただけでした。けれどもパウロの話を信じた人もいました。そしてアテネでは、危険な教えを語ったという理由でパウロが罰せられることは、ありませんでした。

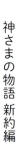
神さまの物語 新約編

クリスチャンの愛とは

聖書のここに書かれているよ

コリントの信徒への手紙一

ガラテヤの信徒への手紙3章

　コリントは、ギリシアの沿岸にある、にぎやかな町でした。町のなかには、人がおおぜい集まる港と市場がありました。パウロがコリントを訪れたとき、さまざまな人がパウロの話を信じました。あらゆる国から来た人々が、イエスさまを信じる新たな家族に加わりました。そのなかには、この町に住むユダヤ人もたくさんいました。ユダヤ人たちは、イエスさまが本当の王さまだと聞いて喜びました。そのほかの人たちは、神さまがつくった新たな家族のなかでは、みんなが平等だと聞いて喜びました。

　パウロは、神さまの目から見れば教会の仲間はすべて同じだということを、みんなに分かってもらおうとしました。ユダヤ人も、ユダヤ人ではない人も、男の人も女の人も、豊かな人も貧しい人も、どれいも自由な人も、みんなが平等なのです。

　けれども、コリントの教会のなかには、パウロの教えをすべて受けいれるのをためらう人々もいました。とりわけ、ゆうふくな人々は、貧しい人々やどれいといっしょに礼拝するのをいやがりました。

　そこでパウロは、町を去ったあと、手紙を書きました。神さまにとっては、すべての人が等しくたいせつだから、それぞれに分かれることなく、みんなでいっしょに礼拝しなければなりません。コリントの教会の人々は、イエスさまを知る前のような自分勝手なふるまいは、やめなければならないのです。

　イエスさまを愛するということは、たがいを愛することであり、とりわけ、「自分とはちがう」と見くだしていた人々を愛することです。パウロは、このことがなによりたいせつだと知っていました。そこで、手紙にこう書きました。

「愛は心が広く、愛は親切です。けっしてねたまず、えらそうにしません。自分の思いどおりにしようとはせず、腹をたてず、うらむこともしません。悪いことを喜ばず、正しいことだけを喜びます。」

　パウロは、さいごにこう述べています。

「なによりもたいせつなのは、信仰と希望と愛です。そして、そのなかで、もっともたいせつなのは愛です。」

この物語と関係があるよ
こちらも読んでみよう！

「神さまは愛です」
274ページ

神さまの物語 新約編

新しい神殿

使徒パウロは、イエスさまの知らせを伝えつづけました。多くの人々はねっしんに耳をかたむけましたが、なかには、なんとかしてパウロを止めようとする人もいました。

パウロがエフェソというギリシアの町にいたときのことです。アルテミスという女神の像を作っていた人たちが、町中の人をたきつけて、パウロを攻撃させました。おおぜいの人々が、パウロをやっつけろとさわいだため、その町の役人は、さわぎをおこしたかどでパウロをとらえました。そのあと、パウロは牢屋に入れられて、釈放されるのか裁判にかけられるのか分からないまま、長いあいだ待つことになりました。そのあいだ、親しい友人たちが訪ねてきて、ローマ帝国の多くの町でパウロがたてた教会について、さまざまなことを知らせてくれました。

牢屋にいるあいだも、パウロはいつも、教会を助けたいと考えていました。そこで手紙をたくさん書きました。ある手紙には、このように書かれています。

「神さまはいつも、天と地をひとつにしようとしてきました。イエスさまにおいて、それが実現したのです。イエスさまを信じるということは、神さまを信じるということです。なぜなら神さまは、イエスさまをとおして、ご自分をかんぜんに現したからです。かつて神さまはエルサレム神殿にいました。けれども今では、イエスさまを信じる新しい家族のなかにいます。この人々が、神さまの神殿なのです。」

パウロは、ほかの手紙ではこう述べています。

「あなたたちは、すばらしい神殿を建てるための石のようなものです。イエスさまはその土台となる石です。あなたたちひとりひとりが合わさって、神さまが聖霊によって住まうための、聖なる場所を作っているのです。」

つまり、イエスさまを信じる人たちは、ひとつの家族として暮らし、正しく、清い生きかたをしなければならないということです。そうすれば、世界中の人々の目にも、この世界に本当の神さまの力がはたらいていると分かるでしょう。

言いたいことのすべてを手紙で伝えることはできません。そこでパウロは、教会の人々が、聖霊の導きを信じて神さまに祈りつつ、自分たちで考えることができるように、指導しようと思ったのです。

聖書のここに書かれているよ

使徒言行録 19章

エフェソの信徒への手紙

フィリピの信徒への手紙

コロサイの信徒への手紙

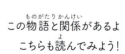
この物語と関係があるよ
こちらも読んでみよう!

「教会のはじまり」
232 ページ

にげてきたどれい

パウロが牢屋にいるあいだに、ひとりの若者が助けを求めて訪ねてきました。その若者の名前は、オネシモといいました。オネシモとは「役にたつ」という意味です。オネシモはどれいでしたが、主人のところからにげてきたのです。そのころは、ゆうふくなローマ人の家では、何人ものどれいが働いていました。オネシモの主人も、そうしたゆうふくなクリスチャンのひとりで、名はフィレモンといいました。

フィレモンはパウロの友人で、パウロをとおしてイエスさまを信じるようになった人です。そして今、フィレモンのどれいがパウロに助けを求めています。パウロはどうしたらよいのでしょう。ローマの法律では、どれいは主人のもとへ送りかえさなければなりません。けれども、そうすればオネシモは罰を受けるでしょう。もしかすると、殺されるかもしれません。

そこでパウロは、友人のフィレモンに手紙を書きました。そして、この手紙を主人のところに届けるよう、オネシモを説得しました。

手紙にはこう書かれています。

「オネシモは、今ではわたしの子どものようなものです。この若者もまた、イエスさまを愛しています。そこでお願いします。わたしをむかえるように、この若者を喜んでむかえいれてください。そして、一歩進んで、オネシモを自由にしてあげませんか。もしオネシモがこれまでになにか悪いことをしたのなら、かわりにわたしがつぐないます。」

手紙のさいごは、こう結ばれていました。

「牢屋から出られたら、あなたたちに会いにいきます。みんなが仲良く暮らしているのを見るのが楽しみです。」

聖書のここに書かれているよ

フィレモンへの手紙

神さまの計画

聖書のここに書かれているよ
ローマの信徒への手紙

　牢屋から出てしばらくすると、パウロはローマに行こうと考えました。ローマは帝国の都です。ローマを訪れて、そのあとスペインに行こうと計画していたのです。けれどもまずは、ローマの教会にあてて長い手紙を書きました。この手紙には、イエスさまの復活という良い知らせは、さいしょから神さまが計画していたことだったと書かれています。

　パウロは、遠いむかし神さまがアブラハムと交わしたとくべつな約束について、思いおこしています。神さまは言いました。

「わたしはあなたを、たくさんの国民の父とします。あなたをとおして、世界のすべての人々を、わたしは祝福するでしょう。」

　神さまは、イエスさまをとおしてすべての人を祝福し、人々の罪をゆるし、神さまの家族に加えることによって、その約束を果たそうとしています。この知らせは、あらゆる人に向けられています。

　神さまは、イエスさまをとおして、この世界を正しい姿にもどしました。そして、イエスさまを信じることによって、人々もまた正されて、新しい世界を生みだす神さまのはたらきに加わるのです。

　パウロはさらに書いています。

「クリスチャンになるということは、楽に暮らせるということではありません。でも、いつも神さまの愛がともにあるため、なにが起こっても、だいじょうぶです。わたしたちが今苦しんでいても、これからわたしたちが目にする栄光に比べれば、たいしたことではありません。全世界が、希望に胸をふくらませて、天と地がひとつになって、神さまの子どもたちが現れるしゅんかんを、待ち望んでいます。」

　パウロは自分と同じユダヤ人のなかには、この知らせを受けいれられない人がいると、分かっていました。そこで、「イエスさまこそが、ユダヤ人が待ち望んでいた指導者で、神さまがつかわすと約束してくれた本当の王です」と説明しています。だからこそ、すべてのクリスチャンは、ユダヤ人もそのほかの人も、ひとつの家族としていっしょに礼拝しなければなりません。みんなで礼拝することによって、イエスさまが王であり、神さまの新しい世界がはじまったと、全世界の人々に示すことができるからです。

この物語と関係があるよ
こちらも読んでみよう！

「神さまのとくべつな契約」
18 ページ

「イエスさまの復活」
220 ページ

神さまの物語 新約編

ローマへ送られる

パウロはローマに行くつもりでしたが、いったんエルサレムにもどらなくてはなりませんでした。ところが、エルサレムにいるあいだに、さわぎが起こりました。イエスさまを信じないユダヤ人たちが神殿でパウロをとらえて、人々にうったえたのです。
「イスラエルの人々よ、どうか手をかしてほしい。この男は人々をだまして、民と法律と神殿に逆らうよう教えている。」

その場にいた人々は、それを聞いて腹をたてました。そして、パウロを神殿の外に引きずりだして、打ち殺そうとしました。ちょうどそのとき、さわぎを聞いて、兵士たちがかけつけてきました。兵士たちはパウロを連れていこうとしましたが、人々は「殺せ、殺せ！」と言いながら、そのあとを追いかけてきました。

このさわぎのあと、パウロは、ユダヤの指導者たちの前で裁判にかけられることになりました。裁判の席で、パウロは立ちあがって言いました。
「わたしは、死者が生き返ると信じているために、裁判にかけられています。これは正しいことでしょうか。」

いっぽう、ユダヤ人指導者のなかにも、復活を信じる人と信じない人がいました。そこで、パウロの言葉を聞いて、指導者たちのあいだで言い争いがはじまりました。裁判は大混乱におちいり、けっきょく結論を出せないまま中止となって、パウロは牢屋へもどされたのです。けれども、つぎの朝、パウロのもとへいそぎの知らせがもたらされました。知らせを持ってきたのは、エルサレムに住むパウロのおいでした。
「パウロおじさん、あなたに危険がせまっています。あなたを殺そうと、たくらんでいる人たちがいます。わたしはその人たちの話をぐうぜん聞いてしまいました。」

パウロのおいは、牢屋を管理しているローマ人の大隊長にも、パウロを殺すたくらみについて伝えました。話を聞いた大隊長は、それは見過ごせないと思ったのでしょう。兵士を集めて、パウロをほかに移すように命じました。その夜おそく、兵士たちは、エルサレムから遠くはなれたカイサリアに、パウロを連れていきました。

カイサリアでは、こんどはローマ総督がパウロを取り調べることになりました。ところが総督はパウロをわなにかけて、ユダヤ人たちに引きわたそうとしました。そこでパウロは、はっきりと言いました。
「もうたくさんです。わたしはローマの市民ですから、ローマ皇帝の裁きを受ける権利があります。」

皇帝の裁きを受けるためには、ローマに行かなくてはなりません。

パウロは、ずっと行こうとしていたローマへ、送られることになりました。

聖書のここに書かれているよ
使徒言行録 21－25章

船がしずむ

聖書のここに書かれているよ
使徒言行録 27－28章

　ついに、ローマへの旅がはじまりました。周りをローマの兵隊に囲まれ、くさりにつながれたまま、パウロは船に乗せられました。パウロの友人も数人、いっしょに船に乗りこみました。

　パウロが乗った船はキプロスを過ぎ、クレタ島に向かっていました。船乗りたちは、そこで冬をこすための港を探そうと思っていたのです。ところが、強い風が吹いてきて、船は荒れくるう海へと押しもどされてしまいました。高い波が、前へ後ろへと船をはげしくゆさぶります。嵐は何日もつづき、おさまる気配はありません。パウロが祈っていると、天使が告げました。

「パウロ、おそれることはありません。あなたはローマにたどりつくでしょう。神さまはこの船に乗っているすべての人を助けてくれます。」

　さらに14日のあいだ、船は嵐のなかをただよいました。そしてある朝、パウロと友人たちは、遠くに島かげをみつけました。船は波に運ばれて、どんどん島へと向かっていきます。ところが、島の近くまで来たとき、とつぜん大きな音をたてて、船が岩にぶつかってしまいました。そして、ばらばらにこわれてしまったのです。

　乗っていた人たちは、海にとびこんで、船の破片につかまったり、泳ぎのじょうずな人に助けられたりしながら、岸まで泳がなければなりませんでした。それでも、だれひとり欠けることなく、ぶじに泳ぎつくことができました。

　パウロたちがたどりついたのは、マルタという島でした。マルタ島の人たちは親切で、みんなの世話をしてくれました。そして、パウロがイエスさまの名によって病気をいやすことができると分かると、多くの病人がパウロのもとへやってきました。

　冬が終わったとき、パウロたちはイタリアに向かう船に乗せられました。船がイタリア半島の南の町に着いたため、旅のさいごはローマまで歩いていくことになりました。

　ローマにたどりついたとき、パウロたちは多くのクリスチャンにむかえられました。この人たちはパウロからの手紙を読んでいたため、パウロに会うことができて、とても喜んでいました。

神さまの物語 新約編

ローマでのパウロ

聖書のここに書かれているよ
使徒言行録28章

　ローマでは兵士がひとり見はりとしてつけられましたが、皇帝の裁判を待つあいだ、パウロは自分の家をかりて住むことができました。

　パウロは、まだイエスさまを信じていないローマのユダヤ人に会うのが不安でした。その人たちはどうやら、パウロが皇帝にユダヤ人のことを訴えにきたのではないかと、疑っているようでした。たしかに、ユダヤ人のなかには、パウロにつらくあたる人もいました。けれどもパウロがローマに来たのは、皇帝に訴えてユダヤ人へのうらみをはらすためではありません。そこでパウロは、そのことをはっきりと知らせたいと思いました。

　パウロは、ローマのユダヤ人指導者たちを家に招いて、話しあうことにしました。みんなで聖書について学び、朝から晩まで語りあいました。パウロは、「神さまがアブラハムに約束したことや、モーセの法律や預言書に書かれていることは、すべてイエスさまをとおして実現しました」と説明しました。イエスさまが、ユダヤ人の望みと祈りへの神さまの答えなのだと、分かってほしかったからです。

　パウロは言いました。
「わたしはあなたたちと同じ望みをいだいていたからこそ、とらわれの身となったのです。あなたたちの望みを否定したからではありません。」

　パウロの話を聞いて、イエスさまを信じる人もいましたが、信じない人もたくさんいました。パウロは悲しくなりました。そこで、むかしの預言者の言葉を告げました。
「この民は聞こうとはせず、信じようともしない。」

　パウロは、さらに2年のあいだ見はりがついた生活を送り、裁判を待ちました。そのあいだに、多くの人がパウロを訪れました。パウロはその人たちに、「イエスさまは、神さまのつかわした本当の王で、今では世界の支配者です」と語りました。

　パウロはだれにもじゃまされることなく、イエスさまのことを教えつづけました。

神さまの物語 新約編

神さまの新しい契約

聖書のここに書かれているよ

ヘブライ人への手紙

同じころ、パウロとは別のキリスト教の指導者も、とても重要な手紙を書いています。パウロの手紙のように、この手紙でも、イエスさまに従うということはどういうことなのか、できたばかりの教会の人々に伝えようとしています。そして、そのためのさまざまな教えが書かれています。

この手紙は、一部のユダヤ人クリスチャンに向けて書かれたものでした。その人たちは、神さまがモーセの時代に結んだとくべつな契約を、かたくなに守ろうとしていたのです。イエスさまに従いながらも、モーセの法律に書かれていることは、すべて行いたいと考えていました。神殿で動物をささげることも、そのひとつでした。

手紙はこのように述べています。

「預言者エレミヤは、『いつか神さまは新しい契約をご自分の民とむすぶだろう』と告げました。イエスさまによって、その新たな契約がはじまりました。これまでのやりかたは変わります。イエスさまをとおして、神さまは新しいスタートをきりました。それは、まったく新しい世界のはじまりです。」

手紙はさらに述べています。

「過去をふりかえるのではなく、神さまの新しい計画を見つめて、前に進まなければなりません。イエスさまは、わたしたちのために犠牲となって、十字架につけられました。ですから、もはや動物をささげる必要はありません。動物をささげるための、多くの祭司も必要ありません。イエスさまこそが大祭司だからです。

わたしたちは、イエスさまをとおして、神さまに祈ることができます。そして、イエスさまをとおして、神さまが祈りを聞いてくれると、信じることができます。

聖書に出てくる、いだいな人々は、男も女も、みんな神さまを信じた人です。アベル、ノア、アブラハム、サラ、イサク、ヤコブ、ヨセフ、モーセ、ラハブ、ギデオン、ダビデ、サムエル、そしてすべての預言者たちです。これらの人々は信仰によって生きました。わたしたちも、この人たちにならわなくてはなりません。神さまを信じ、神さまとの約束を信じて、どんなときもイエスさまを指導者とあおぎながら、生きなくてはならないのです。」

この物語と関係があるよ こちらも読んでみよう！

「罪とゆるし」
50ページ

「救いの約束」
118ページ

神さまの物語 新約編

新しい世界の知恵

聖書のここに書かれているよ
ヤコブの手紙

　ヤコブはイエスさまの兄弟でした。イエスさまが天の神さまのもとへ去ったあとは、エルサレムの教会の指導者となりました。そして、イエスさまを信じる人たちが苦しんでいるときには、手紙を書いて、はげましました。ヤコブは手紙のなかで、イエスさまの言葉をたくさんくりかえしています。

「人の言葉には耳をかたむけ、話すときはよく考えてから話しなさい。すぐにおこってはいけません。人のいかりから、神さまの正義は生まれません。悪い行い、罪深い行いは避け、神さまの言葉を心にとめなさい。神さまの言葉は、あなたのなかに深く根をはり、あなたを助けてくれるでしょう。」

　ヤコブはこのように述べています。

「神さまを信じると口で言うだけでは、じゅうぶんではありません。そのためには、行いもまた、変えなければいけません。とりわけ、困っている人の世話をしなければいけません。ときに、ゆうふくな人は貧しい人にたいして、冷たく、ひどい仕打ちをします。イエスさまを十字架に送ったのは、ゆうふくな人々でした。」

　さらに、手紙のなかでヤコブは警告しています。

「わたしたちが口にする言葉は、わたしたちが思っているよりも、たいせつなのです。舌は火のようなものです。すべてを燃やしつくします。舌はまた、かみつく相手を探してうろつく、野のけもののようなものです。わたしたちは、自分の舌を抑えなければなりません。」

　ヤコブは、知恵にはふたつの種類があると述べています。ひとつは、ずるがしこく、しっとぶかく、じまんばかりして、うそをつく人々の、まちがった知恵です。もうひとつは、けんきょで、清く、おだやかで、やさしく、誠実な人々の、本当の知恵です。そしてこちらが、神さまの新たな世界の知恵です。

　さいごにヤコブは、このように手紙を結んでいます。

「どんなときも、しんぼうづよく、たえなさい。たえず祈りなさい。すべてを神さまにゆだねなさい。」

この物語と関係があるよ
こちらも読んでみよう！

「生きるための知恵」
90 ページ

「山上の教え」
162 ページ

神さまの物語 新約編

神さまを信頼する

聖書のここに書かれているよ
ペトロの手紙一

　使徒ペトロも、新しい教会に手紙を書きました。イエスさまがこの地上にいたころ、ペトロはそのかたわらにいました。イエスさまが苦しんで死ぬのを、その目で見ました。そして、イエスさまに従うということは、同じように苦しむことだという、イエスさまの言葉を忘れませんでした。

　けれども今、多くのクリスチャンが、信仰のためにほかの人々からにくまれて、苦しみを受け、不安をおぼえていました。あらゆることがどんどん悪くなっていくように見えたからです。

　ペトロは書いています。

「それはちがいます。あなたの信仰は金のようなものです。金が本物かどうかを試すときは、火であぶります。同じように、イエスさまへの信仰のためにあなたたちが苦しむとき、あなたたちの信仰もまた、試されているのです。」

　そしてペトロは、イエスさまを思えば苦しみにたえることができると、述べています。

「イエスさまは、罪をおかしたことも、うそをついたこともありませんでした。ばかにされても、ばかにしかえすことはありませんでした。苦しいときも、ほかの人を攻撃しませんでした。そして、わたしたちの罪を背負って、十字架につけられたのです。イエスさまの傷によって、あなたたちはいやされました。あなたたちは、羊のように迷っていましたが、今や羊飼いのもとに、本当の命の守り手のもとに帰りました。」

　手紙の終わりで、ペトロはこのように述べています。

「目を覚ましていなさい。あなたの敵である悪魔が、ライオンのようにうなりながら、歩きまわり、食らいつくえものをさがしています。つけいる隙をあたえず、どんなときでも神さまからはなれてはなりません。たとえ、わずかのあいだ苦しくても、さいごには神さまがすべてを正しい姿にもどしてくれるでしょう。」

この物語と関係があるよ
こちらも読んでみよう！

「イエスさまと嵐」
172 ページ

「苦難のしもべ」
120 ページ

神さまは愛です

聖書のここに書かれているよ
ヨハネの手紙一

　使徒ヨハネは、なによりもたいせつなのは愛だと知っていました。神さまはわたしたちを愛しているからこそ、ご自分の息子であるイエスさまをつかわしました。そしてイエスさまは、わたしたちのために死にました。愛はなによりもたいせつだと、イエスさま自身が教えています。それこそ、ヨハネがさいしょの手紙でもっとも伝えたいことでした。

「もしわたしたちが、たがいに愛するなら、神さまがわたしたちのなかにとどまって、神さまの愛がわたしたちのあいだで満ちあふれるでしょう。

　神さまは愛です。愛しあって生きる人たちは、神さまのなかに生きるということです。神さまは、その人たちのあいだにとどまります。

　愛にはおそれがありません。かんぜんな愛はおそれを追いだします。人がおそれるのは、罰せられると思うからです。ですから、おそれる人は、じゅうぶんな愛を受けていないのです。」

　ヨハネはさらに書いています。

「兄弟や姉妹をにくみ、いつも腹をたてて、けんかをしているのに、『わたしは神さまを愛します』と言っても、意味はありません。神さまを愛する人は、その家族のすべての人を愛さなければなりません。

　神さまを愛するということは、神さまの言葉を実行するということです。そのように生きれば、イエスさまが勝利するとき、その勝利を分かちあうことができます。悪は打ちたおされます。その日、わたしたちの信仰が勝利します。

　このように信じて、愛するなら、わたしたちは自信をもって祈ることができます。そうすれば、神さまはわたしたちの願いをきいてくれるでしょう。神さまがなにを喜ぶかを知って、それを願うなら、神さまはわたしたちの願いをかなえてくれるのです。」

この物語と関係があるよ
こちらも読んでみよう！

「山上の教え」
162 ページ

「十字架の上で」
216 ページ

神さまの物語 新約編

274

ヨハネとイエスさまの幻

聖書のここに書かれているよ
ヨハネの黙示録 1章

ヨハネという預言者がいました。ヨハネは人々に、イエスさまこそが、この世界の支配者で救い主だと語りました。けれども、ローマ帝国の指導者は、ローマ皇帝こそが「支配者」で「救い主」だと考えていました。そこで、ヨハネのことを知ると、とらえて、パトモスという小さな島に追放しました。

パトモス島で、ヨハネは、神さまに祈って、祈って、祈りつづけました。ある日曜日の朝、ヨハネは幻を見ました。神さまの聖霊の助けによって、ヨハネはその耳で聞き、その目でイエスさまを見ました。

イエスさまは長い衣を着て、金の帯をしめていました。その頭と髪の毛は、雪のようにまっしろでした。その目は炎のようで、その足はぴかぴかのしんちゅうのようでした。その声はまるで、とどろく滝のようでした。その顔はあまりにかがやいていたため、まるで真昼の太陽を見ているようでした。

イエスさまを見たとき、ヨハネは死んだように、地面にたおれました。するとイエスさまがヨハネにふれて、言いました。

「おそれることはありません。わたしはさいしょの者で、さいごの者。わたしは、生きている者です。かつて、いちど死にましたが、見なさい。わたしは永遠に生きています。さあ、あなたが目にしたものを書き記しなさい。すでに起こっていること、これから起こることを書き記すのです。」

ヨハネはその言葉にしたがいました。

この物語と関係があるよ
こちらも読んでみよう!

「イザヤと神さまの幻」
104 ページ

「ダマスコへの道」
238 ページ

すべてのものの歌

聖書のここに書かれているよ
ヨハネの黙示録 4-5章

パトモス島にいるあいだに、ヨハネは多くの幻を見ました。そのひとつは、天の光景でした。光りかがやく玉座に、いだいなかたが座り、24人の長老がその周りを囲んでいます。この長老たちは、神さまのすべての民を表しています。そこには、ふしぎな生き物もいました。さいしょの生き物はライオンのようで、2番目の生き物は雄牛のようで、3番目の生き物は人の顔をしていて、4番目の生き物は空を飛ぶわしのようでした。この4つの生き物は、玉座に座るかたをたたえる歌を歌っていました。

聖なる、聖なる、聖なる、全能の主なる神さま
過去にも、今にも、未来にも存在するかた
あなたはすべてのものを、思うとおりにつくりました

玉座にいるかたは、巻物を持っていましたが、だれもそれを開くことはできませんでした。そのとき、長老のひとりが言いました。
「ユダのライオンが勝利した。巻物を開くことができるだろう。」
けれども、ヨハネが見ると、玉座の近くに立っているのはライオンではなく、小羊でした。小羊には、いちど殺されたような傷がありましたが、ふたたび立ちあがっていました。そして巻物を受けとりました。すると、玉座を囲む人々が、こぞって新しい歌を歌いだしたのです。

あなたはその巻物を受けとり、読むのにふさわしいかた
あなたは、すべての民族、すべての国のなかから
その死によって、神さまのために人々を買いもどし
神さまの王国の民、神さまの祭司としました
この人々が、地上を治めることでしょう

天と地のすべてのものの歌声がいっしょになって、神さまと小羊を賛美しました。

この物語と関係があるよ
こちらも読んでみよう！

「イザヤと神さまの幻」
104ページ

「神殿を去る神さま」
110ページ

新しい天と新しい地

聖書のここに書かれているよ
ヨハネの黙示録 21－22章

　ヨハネが見たさいごの幻は、この世の終わりに起こるできごとでした。ヨハネは、新しい天と新しい地を見ました。美しい都、天のエルサレムが、地上へと降ってくるのを見ました。そして、大きな声を聞きました。
「神は人と住むために来た。そして人の目からなみだをぬぐいさる。もはや死も、なげきも、苦しみもない。」
　美しいエルサレムはまるで、夫のためにきれいなドレスを着る花よめのようでした。ついに、天と地がひとつになったのです。ふたつは結ばれ、にどと、はなれることはありません。この美しいエルサレムは、神さまが思いえがく世界が実現する場所でした。
　ヨハネはこのように述べています。
「この都には、神殿はありません。全能の主なる神さまが神殿だからです。この都には月も星もありません。神さまの栄光が明るくかがやいているからです。さまざまな国の人々が、この光のなかを歩き、地上のあらゆる王たちは、その栄光をたずさえて来るでしょう。」
　ヨハネは、その目で見た光景を、おどろきをもって書き記しています。
「そのあと、わたしは命の水の川を見ました。川は神さまの玉座から流れだし、まるで水晶のようにかがやきながら、都の大通りのまんなかを流れていました。川の両岸には命の木が生えていました。その木の葉っぱは、さまざまな国の民をいやすことができるのです。」
　ヨハネが見たこれらのすばらしい幻は、イエスさまがもどってきて、その支配を完成させたときに実現します。さいごにヨハネは祈りました。
「主なるイエスさま、すぐに来てください。」

この物語と関係があるよ
こちらも読んでみよう！

「エデンの園」
4 ページ

「新しい世界の約束」
132 ページ

神さまの物語 新約編

280

イエスさまは新しいはじまり

> 聖書のここに書かれているよ
> ヨハネによる福音書 1章

はじめに神さまの言葉がありました。言葉は神さまでした。
すべてのものは、言葉をとおしてつくられました。
本当の光と本当の命は、言葉のうちにありました。
光は闇のなかでかがやいています。
そして闇は光に勝ちませんでした。

神さまの言葉は、神さまがつくったこの世界に来ました。
しかし、世界は言葉を認めませんでした。
言葉は自分の民のところに来ましたが
民は言葉を受けいれませんでした。
けれども言葉を受けいれ、信じた人々には
神さまの子となる権利があたえられました。

神さまの言葉は肉体となって、わたしたちのあいだに生きるために来ました。
わたしたちは、その人の栄光を見ました。
父である神さまのひとり子としての栄光です。
それは、やさしさと真実にあふれていました。
法律は、モーセをとおしてあたえられました。
神さまのやさしさと真実は、イエスさまをとおしてもたらされました。

だれも神さまを見た人はいません。
神さまのひとり子である神、父である神さまの心にもっとも近いかた
そのかただけが、神さまの本当の姿を示したのです。

この物語と関係があるよ
こちらも読んでみよう!

「人間の役割とは」
6ページ

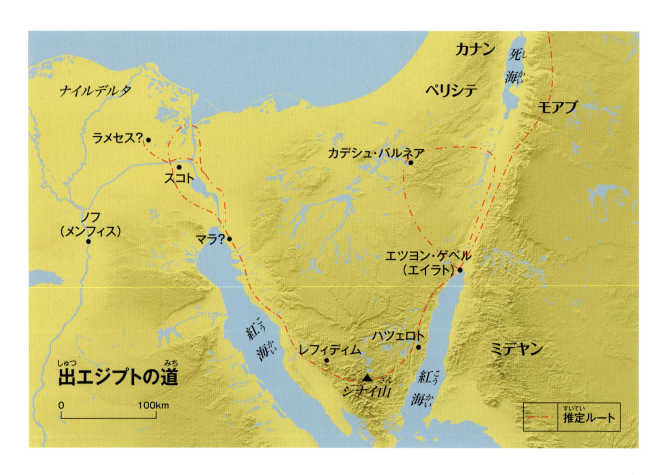

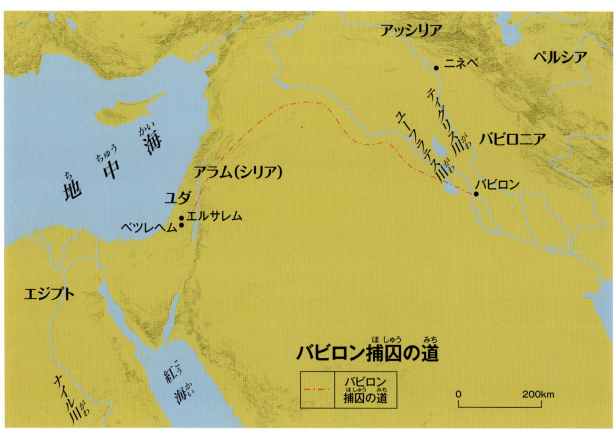

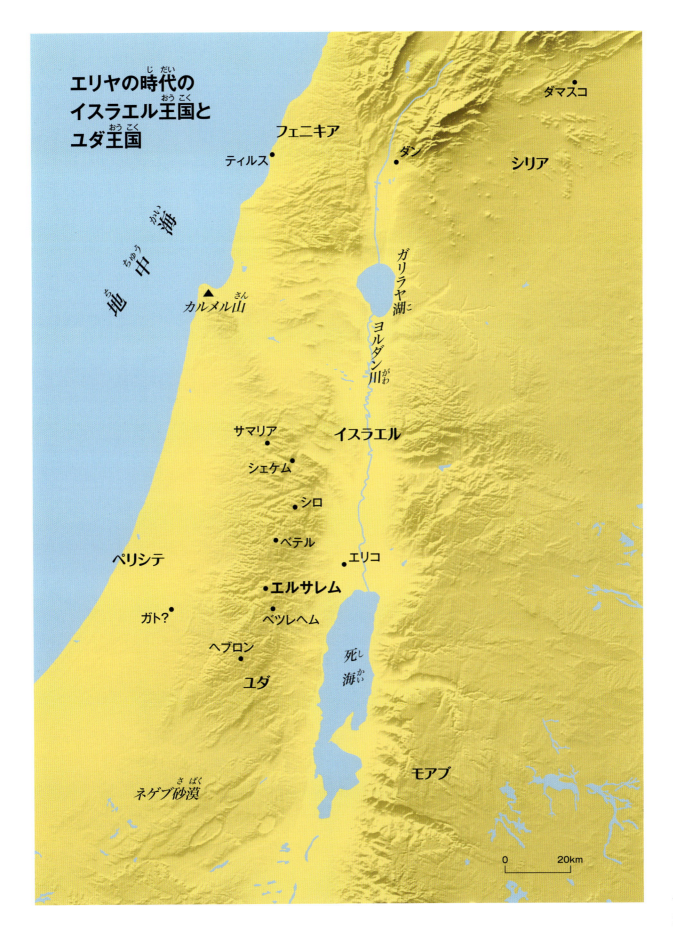

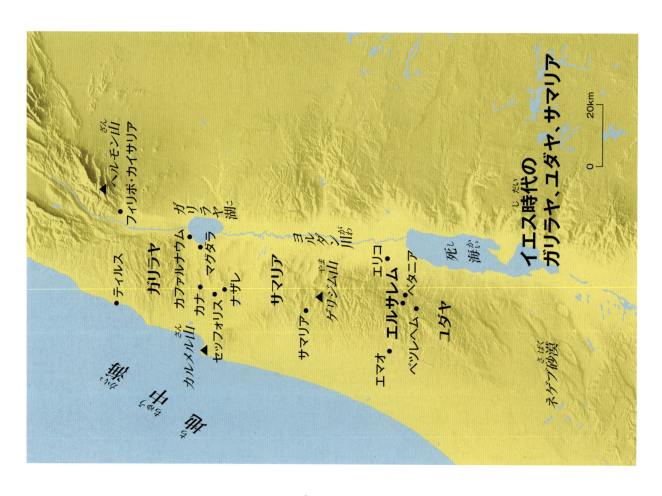

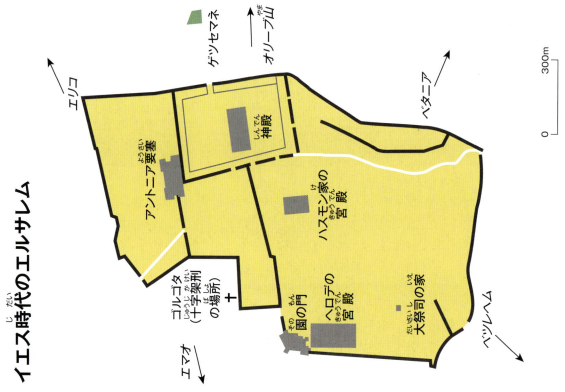

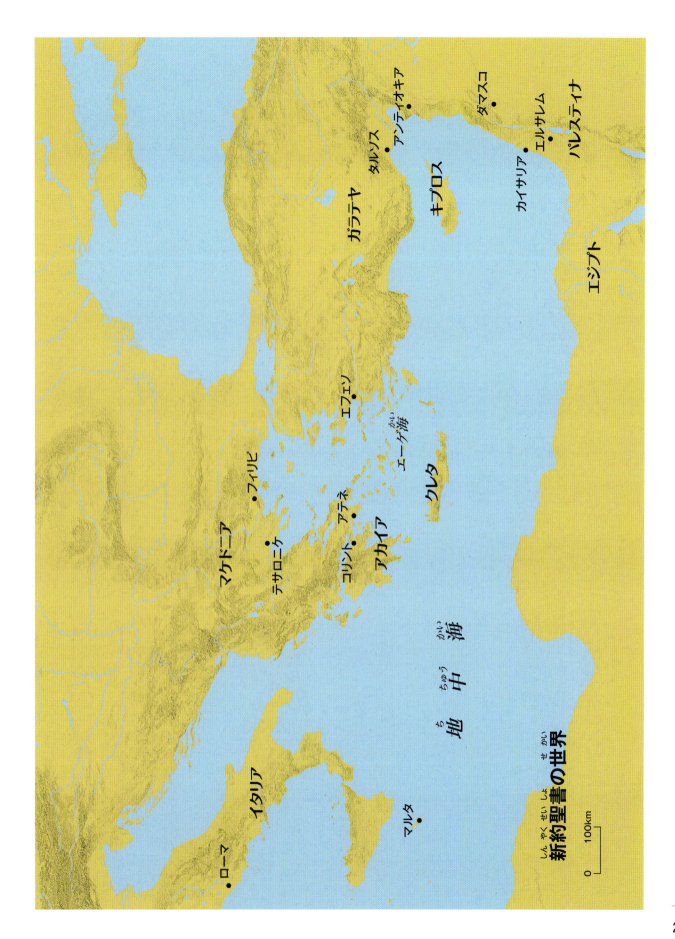

索引

→次の項目を参照
⇒次の項目も参照

──────あいうえお

愛　4, 12, 20, 58, 88, 98, 118, 126, 148, 160, 162, 176, 180, 200, 216, 218, 222, 224, 226, 250, 254, 258, 260, 274

アダム　10

アッシリア／アッシリア人　106, 130, 284

アテネ　250, 252, 287

アナニア　238

アハブ　100

アフリカ　94, 236

アブシャロム　86

アブラハム／アブラム　16, 18, 20, 22, 26, 34, 52, 190, 260, 266, 268

アベル　10, 268

アラム／アラム人　102

アロン　34, 36, 42, 46, 48, 50, 96

安息日　52, 160

アンティオキア　244, 246, 287

アンデレ　154

イエスさま
──が受けたゆうわく　150
──が天に昇る　228
──に従う（人／人々）、──を信じる（人／人々）218, 236, 244, 246, 250, 254, 256, 258, 260, 266, 268, 270, 272　⇒クリスチャン
──の教え　152, 156, 158, 160, 162, 166, 168, 170, 174, 178, 180, 182, 184, 186, 188, 190, 192, 194, 196, 198, 200, 202, 204, 206, 210, 222, 224, 226, 228, 238, 254, 256, 274
──の家族　232, 234, 238, 244, 246, 254, 256, 260, 274
──の奇跡　156, 158, 164, 170, 172, 192
──の姿が変わる　176
──の洗礼　148
──の逮捕、裁判、十字架刑　174, 178, 204, 206, 208, 210, 212, 214, 216, 218
──の誕生と少年時代　140, 142, 144, 146
──の父　146, 162, 188, 192, 198, 208, 220, 282
──の弟子　154, 156, 160, 162, 164, 168, 170, 172, 174, 176, 178, 182, 184, 190, 192, 194, 196, 198, 204, 206, 208, 212, 216, 218, 220, 222, 224, 226, 228, 230, 232, 234, 236, 242　⇒使徒
──の復活　220, 222, 224, 226, 228, 230

イサク　18, 20, 22, 24, 34, 268

イザヤ　104, 106, 118, 120, 132, 152, 236

イスラエル（地名、国名）56, 68, 72, 76, 84, 88, 94, 96, 98, 102, 106, 130, 140, 152, 154, 210, 244, 285
──の神さま　36, 60, 68, 102, 116, 134

イスラエル人（「イスラエルに住む人々」「イスラエルの民」「イスラエルの人々」「イスラエルの若者」を含む）32, 34, 36, 38, 40, 42, 44, 46, 48, 50, 52, 54, 56, 58, 60, 62, 64, 66, 68, 70, 72, 74, 92, 98, 120, 146, 232, 262　⇒ユダヤ人

イスラエル（ヤコブ）　26, 32

イゼベル　100

イタリア　264

祈り／祈る　22, 64, 66, 70, 74, 82, 92, 100, 106, 112, 116, 128, 130, 138, 162, 172, 184, 192, 204, 208, 214, 228, 232, 234, 238, 240, 242, 244, 248, 250, 256, 264, 266, 268, 270, 274, 276, 280

エサウ　24

エジプト／エジプト人　28, 30, 32, 34, 36, 38, 40, 42, 52, 54, 58, 60, 64, 70, 96, 98, 144, 146, 148, 204, 230, 284, 287

エステル　128

エズラ　122

エゼキエル　110, 118

エチオピア／エチオピア人　236

エデン　4, 10, 120

エバ　10

エフェソ　256, 287

エマオ　222, 286

エリ　70

エリコ　60, 62, 180, 190, 285, 286

エリサベト　138, 140

エリシャ　100, 102, 152

エリヤ　100, 102, 174, 176

エルサレム　82, 84, 86, 92, 96, 104, 106, 108, 110, 112, 118, 122, 128, 138, 140, 144, 146, 168, 174, 176, 178, 180, 182, 190, 192, 196, 198, 214, 222, 224, 228, 230, 232, 234, 236, 238, 242, 244, 246, 256, 262, 270, 280, 285, 286, 287

エレミヤ　108, 112, 118, 174, 268

オネシモ　258

──────かきくけこ

カイサリア　240, 262, 287

カイン　10

カエサル　202　⇒皇帝

カナン　16, 22, 26, 28, 30, 32, 284

神さま　⇒イエスさまの父、聖霊
主なる──　6, 38, 44, 46, 48, 50, 52, 58, 60, 62, 68, 72, 98, 100, 102, 104, 108, 112, 114, 116, 132, 278, 280
──の新しい契約（「新たな契約」を含む）118, 204, 268
──の栄光　6, 48, 50, 54, 92, 104, 124, 132, 134, 142, 156, 192, 260, 280, 282
──の王国　114, 140, 152, 162, 166, 170, 174, 178, 180, 184, 200, 278
──の子（「神さまのひとり子／息子」「神の子」「ご自分」「わたし（神さま）の子／息子」を含む）140, 148, 150, 172, 174, 176, 210, 218, 274, 282
──の正義　134, 162, 228, 270
──のとくべつな契約　18, 44, 46, 48, 52, 58, 60, 72, 94, 98, 108, 120, 230, 268
──の約束　12, 16, 18, 20, 34, 54, 60, 70, 82, 110, 118, 120, 132, 166, 170, 204, 228, 230, 234, 246, 260, 266, 268　⇒約束の地

カファルナウム　152, 172, 286
ガブリエル　138, 140 ⇒ 天使
ガラテヤ　244, 246, 248, 287
ガリラヤ　140, 146, 148, 150, 152, 168, 212, 286
ガリラヤ湖　152, 154, 172, 226, 285, 286
カレブ　54
キプロス　244, 264, 287
教会　174, 232, 238, 244, 246, 248, 254, 256, 260, 268, 270, 272
犠牲（「（神さまに動物を）ささげる」を含む）16, 20, 100, 124, 198, 236, 268
ギデオン　64, 268
偶像　→ にせの神／にせの像
ギリシア　248, 250, 254, 256
クリスチャン　244, 250, 254, 258, 260, 264, 268, 272 ⇒ イエスさまに従う（人／人々）、イエスさまを信じる（人／人々）
クレタ（島）　264, 287
契約の箱　48, 60, 72, 82
紅海　40, 284
皇帝　142, 202, 210, 262, 266, 276 ⇒ カエサル
五旬祭　52, 230
コリント　254, 287
ゴリアト　76, 80
コルネリウス　240, 246

——————さしすせそ

祭司　44, 48, 50, 52, 60, 62, 70, 108, 110, 124, 138, 160, 180, 196, 198, 200, 204, 210, 212, 216, 268, 278, 286
サウル　74, 76, 80, 82
サウロ　→ パウロ
サマリア／サマリア人　168, 178, 180, 228, 236, 285, 286
サマリアの女　168
サムエル　70, 72, 74, 268
サムソン　66
サラ　18, 22, 268
ザアカイ　190
ザカリア　38, 140
十戒　→ 10の（たいせつな）おきて
使徒　234, 242, 244, 256, 272, 274 ⇒ イエスさまの弟子
シナイ山　44, 52, 100, 230, 284

シモン　214
10の（たいせつな）おきて　44, 46, 48, 58, 60, 92, 108, 122
シラス　248
シリア　238, 244, 285
信仰　20, 164, 166, 226, 250, 254, 268, 272, 274
神殿　72, 92, 94, 96, 104, 106, 108, 110, 112, 122, 124, 126, 138, 140, 146, 150, 158, 160, 180, 196, 198, 208, 210, 216, 218, 234, 252, 256, 262, 268, 280
過越／過越の食事　38, 52, 146, 198, 204, 206, 208, 210, 230
救う／助ける　6, 30, 34, 36, 38, 40, 52, 58, 60, 64, 66, 72, 96, 98, 106, 112, 114, 118, 120, 130, 132, 146, 148, 162, 172, 190, 204, 216, 222, 228, 230, 238, 242, 248, 264, 270, 276
ステファノ　234
スペイン　260
聖霊（「聖なる霊」を含む）140, 228, 230, 232, 240, 246, 256, 276 ⇒ 神さま
世界のはじまり（「（神さまが）（世界を）つくる」を含む）2, 4, 6, 10, 12, 44, 50, 132, 252, 282 ⇒ 天と地
セト　10
洗礼　148, 150, 198, 230, 232, 236, 238, 246, 248
ゼカリヤ　124
創造主　→ 世界のはじまり
ソロモン　88, 90, 92, 94, 96, 110

——————たちつてと

ダニエル　114, 116
ダビデ　68, 74, 76, 78, 80, 82, 84, 86, 88, 92, 96, 110, 140, 144, 160, 196, 268
ダマスコ　238, 244, 285, 287
知恵　88, 90, 94, 114, 116, 270
追放（「追いだされる」「連れていか（こら）れる」を含む）8, 10, 58, 108, 112, 114, 118, 120, 122, 154, 200, 276
罪　30, 50, 84, 104, 118, 120, 148, 158, 186, 190, 210, 216, 238, 244, 260, 272
テサロニケ　250, 287

テモテ　248
天使　6, 8, 26, 38, 48, 56, 104, 110, 114, 138, 140, 142, 150, 220, 236, 240, 242, 264
天と地　2, 92, 132, 234, 252, 256, 260, 278, 280 ⇒ 世界のはじまり
デリラ　66
トマス　224

——————なにぬねの

ナアマン　102, 152
ナイル川　32, 36, 284
ナオミ　68
ナザレ　140, 152, 214, 222, 286
ナタン　82, 84
にせの神／にせの像（「アルテミスの像」「金の子牛の像」「ダゴンの像」を含む）44, 46, 58, 64, 72, 94, 96, 98, 100, 106, 108, 110, 114, 246, 252, 256 ⇒ バアル
ニネベ　130, 284
ネヘミヤ　122
ノア　12, 14, 268

——————はひふへほ

ハラン　16, 22, 26
ハンナ　70
バアル　64, 100, 108 ⇒ にせの神／にせの像
バト・シェバ　84
バビロニア／バビロン　112, 114, 116, 118, 120, 122, 284
バラバ　210
バラム　56
バルナバ　244, 246
パウロ（「サウロ」を含む）238, 244, 246, 248, 250, 252, 254, 256, 258, 260, 262, 264, 266, 268
ヒゼキヤ　106
ピラト　210, 214, 218
ファラオ　28, 30, 32, 34, 36, 38, 40
フィリピ　248, 287
フィリポ　236
フィレモン　258
ヘロデ　144
ヘロデ・アグリッパ　242
ベタニア　182, 194, 286

ベツレヘム　68, 74, 142, 144, 284, 285, 286
ベニヤミン族　96
ペトロ　154, 172, 174, 176, 206, 208, 212, 220, 226, 230, 232, 234, 240, 242, 244, 246, 272
ペリシテ／ペリシテ人　66, 72, 76, 80, 285
ペルシア　122, 128, 284
ペンテコステ　→ 五旬祭
捕囚　284 → 追放
ホセア　98
ボアズ　68
ポティファル　28, 30

──────── まみむめも

幻　104, 106, 110, 114, 116, 118, 132, 234, 240, 276, 278, 280 ⇒ 夢
マラキ　124
マリア（イエスさまの母）　140, 142, 144, 146, 156, 216
マリア（マグダラのマリア）　218, 220
マリア（マルタとラザロの姉妹）　182, 192, 194
マルタ　182, 192, 194
マルタ（島）　264, 287
ミデヤン／ミデヤン人　64, 284
ミリアム　32, 40
モーセ　32, 34, 36, 38, 40, 42, 44, 46, 48, 52, 54, 58, 60, 96, 100, 112, 176, 230, 234, 268, 282
　──のおきて／法律　108, 122, 160, 180, 186, 196, 210, 216, 234, 240, 244, 246, 266, 268, 282
モアブ／モアブ人　56, 68, 284
モルデカイ　128

──────── やゆよ

ヤイロ　164
約束の地　16, 52, 54, 58, 60, 64, 70, 74, 120, 122, 132 ⇒ 神さまの約束
ヤコブ（イエスの兄弟）　246, 270
ヤコブ（イエスの弟子でヨハネの兄弟）　154, 176, 178, 208, 234, 242
ヤコブ（エサウのふたごの弟）　24, 26, 28, 32, 34, 96, 268
ヤロブアム　96, 98
ユダ（イスカリオテのユダ）　194, 204, 208

ユダ／ユダ王国／ユダ族／ユダヤ／ユダヤ地方　96, 104, 106, 112, 114, 118, 122, 138, 142, 144, 148, 168, 182, 202, 204, 210, 228, 238, 242, 262, 278, 285, 286 ⇒ イスラエル（地名、国名）
ユダヤ人（「ユダヤの男」「ユダヤの民」「ユダヤの人々」を含む）　122, 124, 128, 152, 160, 168, 196, 202, 210, 214, 216, 230, 232, 234, 236, 238, 240, 244, 246, 254, 260, 262, 266, 268 ⇒ イスラエル人
夢　26, 28, 30, 88, 114, 144, 242 ⇒ 幻
ゆるし／ゆるす　30, 50, 58, 98, 118, 130, 158, 162, 204, 214, 234, 244, 260
預言／預言者　56, 70, 72, 82, 84, 96, 98, 100, 102, 106, 108, 110, 112, 116, 118, 120, 122, 124, 130, 132, 138, 144, 148, 152, 166, 168, 170, 174, 196, 198, 200, 234, 236, 266, 268, 276
ヨシヤ　108
ヨシュア　54, 60, 62
ヨセフ（アリマタヤのヨセフ）　218
ヨセフ（マリアの夫）　140, 142, 144, 146
ヨセフ（ヤコブの息子）　28, 30, 32, 268
ヨナ　130
ヨナタン　76, 80
ヨハネ（イエスの弟子）　154, 176, 178, 208, 220, 234, 242, 274
ヨハネ（洗礼者）　138, 148, 150, 174, 198
ヨハネ（黙示録を書いた預言者）　276, 278, 280
ヨベルの年　52
ヨルダン川　60, 62, 86, 102, 148, 285, 286

──────── らりるれろ

ラケル　26
ラザロ　182, 192, 194
ラハブ　60, 62, 268
ラバン　22, 26
リベカ　22, 24
ルツ　68
ルベン　28
礼拝　16, 44, 46, 48, 58, 64, 68, 70, 72, 94, 96, 98, 100, 102, 106, 108, 110, 114, 116, 124, 126, 150, 152, 168, 236, 246, 252, 254, 260
レハブアム　96
ローマ／ローマ人／ローマ帝国　142, 146, 190, 202, 210, 214, 216, 218, 234, 240, 244, 246, 256, 258, 260, 262, 264, 266, 276, 287
ロデ　242